Prof. Dr. Max Lüscher

# Die Lüscher-Farben
## zur Persönlichkeitsbeurteilung und Konfliktlösung

Mosaik Verlag

© für die Auswertung der Lüscher-Farben:
Color-Test-Verlag AG, Luzern
© für die »Konflikt-Farben«:
Color-Test-Verlag AG, Luzern


Der Mosaik Verlag ist ein Unternehmen
der Verlagsgruppe Bertelsmann

© 1989 Mosaik Verlag GmbH, München / 5 4 3 2
Satz: Filmsatz Schröter GmbH, München
Farbkartendruck: Carl Edelmann GmbH, Heidenheim
Druck und Bindung:
Mohndruck Graphische Betriebe GmbH, Gütersloh
Printed in Germany · ISBN 3-570-03926-9

# INHALT

- **6** Wie Sie die Lüscher-Farbwahl und die Konfliktanalyse für sich nutzbar machen können

- **7** Die Lüscher-Farbwahl
  Waagerechte Auswertung 9
  Die Blau-Wahlen 11
  Die Grün-Wahlen 37
  Die Rot-Wahlen 63
  Die Gelb-Wahlen 89
  Senkrechte Auswertung 115
  Kolonne links 116
  Kolonne rechts 120
  Doppelkolonne 124
  Weitere spezielle Auswertungsmöglichkeiten 130
  Wiederholung der Lüscher-Farbwahl 132

- **133** Die Lüscher-Farbwahl zur Analyse von Konflikt-Ursachen
  Die fünf Konflikt-Farben 135
  Verhaltensempfehlungen 137

- **147** Die psychologische Bedeutung der Farben

**Wie Sie die Lüscher-Farbwahl und die Konflikt-Analyse für sich nutzbar machen können**

Die Lüscher-Farbwahl ist die inzwischen weltweit angewandte Methode zur genauen Erfassung und Beschreibung des inneren Gefühlszustandes eines Menschen.

Durch die Wahl einer Rangfolge unter den jeweils vier speziellen Blau-, Grün-, Rot- und Gelb-Tönen erhalten Sie eine ausführliche und genaue Analyse Ihrer emotionalen Persönlichkeit.

Diese Analyse beschreibt
- Ihre Leistungs- und Genußfähigkeit
- das Bild, das Sie von sich selber haben
- Ihre Gefühlsbeziehung zum Partner
- die Erwartungen, die Sie gegenüber der Zukunft hegen

Sie hilft Ihnen dadurch, Ihre gegenwärtige Situation besser zu verstehen und Ihre Zukunftsentwicklung abzuschätzen.

Die speziellen Konflikt-Farben (Seite 133) ermöglichen Ihnen,
- die oft unbewußten Ursachen von Schwierigkeiten und Konflikten in Sekundenschnelle zu erkennen und
- bei aktuellen persönlichen Problemen Ihre Situation zu verstehen und mit Hilfe der wissenschaftlich begründeten Verhaltensempfehlungen richtig zu handeln und Ihr inneres Gleichgewicht zu finden.

# Die Lüscher-Farbwahl

Die speziellen Lüscher-Farben sind während fünf Jahren unter 4565 Versuchsfarben ausgewählt worden. Darum muß man sich an diese besonderen Farbtöne halten und darf sich nicht andere »schönere« vorstellen.
Betrachten Sie die Farben möglichst bei Tageslicht, aber nicht in greller Sonne. Auch sehr helles, dem Tageslicht ähnliches Lampenlicht ist möglich.

# Waagerechte Auswertung

1. Legen Sie zuerst die vier blauen Farbkarten auf einen weißen Untergrund.
Legen Sie die Farbe, die Ihnen am besten gefällt, auf die linke Seite.
Dann legen Sie die Farbe, die ihnen am zweitbesten gefällt, rechts neben die erste.
Legen Sie dann die drittliebste Farbe rechts neben die vorherige.
Rechts ans Ende der Reihe legen Sie die übriggebliebene Farbe.
Drehen Sie jetzt alle vier Karten auf die Rückseite.
Nun haben Sie von links nach rechts eine Ziffernfolge vor sich (zum Beispiel 3 4 2 1).
Schlagen Sie im Abschnitt »Blau-Auswertung« Ihre Ziffernfolge auf (zur besseren Übersicht ist jeweils die letzte Ziffer kleiner gedruckt, also 4 3 2$_1$) und lesen Sie die zugehörige Auswertung. Legen Sie bei dieser Seite ein Lesezeichen »Lüscher-Blau« ein.

2. Legen Sie jetzt die vier grünen Karten auf den weißen Untergrund. Legen Sie Ihre Rangfolge wiederum von links nach rechts.
Drehen Sie die Karten auf die Rückseite.
WICHTIG: Legen Sie diese vier Karten *genau* unter die oberen vier.
Lesen Sie Ihre Ziffernfolge im Abschnitt »Grün-Auswertung« und legen Sie ein Lesezeichen »Lüscher-Grün« ein.

3. Tun Sie das gleiche mit den roten Lüscher-Farben. Legen Sie sie genau unter die oberen vier.

4. Tun Sie das gleiche mit den gelben Lüscher-Farben. Legen Sie sie genau unter die oberen vier.

5. Vergegenwärtigen Sie sich noch einmal alle vier Texte. Zusammen ergeben sie ein hochdifferenziertes Bild der Persönlichkeitsstruktur.

6. Prüfen Sie anschließend die *Senkrechte Auswertung* Seite 115.

**Die Bedeutung der Sternchen**
Auswertungstexte, die eine überhöhte psychische Streß-Belastung beschreiben, sind je nach Schweregrad mit einem bis maximal drei Sternchen (✲, ✲✲, ✲✲✲) markiert.

Dabei bedeuten:  ✲ = Konflikt-Tendenz
✲✲ = Aktuelle Konfliktgefahr
✲✲✲ = Stark belastende Konflikt-situation

# Die Blau-Wahlen

Charakteristik des Zusammengehörigkeitsgefühls, der inneren Verbundenheit und Beziehung zum Partner. »Wie ich für einen mir nahen Menschen empfinde.«

# BLAU

# 1 2 3 4

**Charakteristik des Zusammengehörigkeitsgefühls, der inneren Verbundenheit und Beziehung zum Partner. »Wie ich für einen mir nahen Menschen empfinde.«**

Wünscht sich eine starke und dauernde Gefühlsbeziehung. Hat das Bedürfnis, sich an die Menschen und an die Aufgabe zu binden, die ein Gefühl der Sicherheit und Geborgenheit bieten. Sehnt sich nach einer liebevollen Bindung, die das beruhigende Gefühl der vertrauensvollen Zusammengehörigkeit gewährleistet. Erwartet auch vom anderen eine ebenso gefühlsstarke, uneingeschränkte innere Verbundenheit. ✻✻

# BLAU

## 1243

**Charakteristik des Zusammengehörigkeitsgefühls, der inneren Verbundenheit und Beziehung zum Partner. »Wie ich für einen mir nahen Menschen empfinde.«**

Möchte sich innerlich abschirmen gegen aufreibende oder empörende Auseinandersetzungen mit einem nahestehenden Menschen. Um sich gegen verletzende Erschütterungen zu schützen, wird zur Zeit alles vermieden, was die Gefühle aufwühlt und beunruhigt. Sehnt sich um so mehr nach einer liebevollen, dauernden Zufriedenheit und nach einem vertrauensvollen Harmoniezustand, der eine tiefe Erfüllung bietet. ***

# BLAU

## 132₄

**Charakteristik des Zusammengehörigkeitsgefühls, der inneren Verbundenheit und Beziehung zum Partner.
»Wie ich für einen mir nahen Menschen empfinde.«**

Sehnt sich nach einer liebevollen, dauernden Zufriedenheit in einer vertrauensvollen Zusammengehörigkeit und innig erlebten Verbundenheit. Ist zu einer starken und innigen Gefühlsbeziehung fähig. Hat das Bedürfnis, sich an den Menschen und an die Aufgabe zu binden, die ein Gefühl der Sicherheit und Geborgenheit vermitteln. Erwartet auch vom anderen eine ebenso gefühlsstarke, zuverlässige Zuwendung und innere Verbundenheit. ✶

## BLAU

## 134₂

**Charakteristik des Zusammengehörigkeitsgefühls, der inneren Verbundenheit und Beziehung zum Partner.**
**»Wie ich für einen mir nahen Menschen empfinde.«**

Sehnt sich nach einer liebevollen, dauernden Zufriedenheit in einer vertrauensvollen Zusammengehörigkeit und innig erlebten Verbundenheit. Möchte kein Gefühl der Distanz und Entfremdung gegenüber dem als Partner wichtigen Menschen aufkommen lassen. Will alles vermeiden, was eine innere Isoliertheit und Einsamkeit zur Folge hätte. ✻

## BLAU

## 142₃

**Charakteristik des Zusammengehörigkeitsgefühls, der inneren Verbundenheit und Beziehung zum Partner. »Wie ich für einen mir nahen Menschen empfinde.«**

Sehnt sich nach einer liebevollen und dauernden Zufriedenheit. Möchte aber von den Belastungen und Sorgen verschont bleiben, die eine starke innere Bindung zur Folge hat. Möchte sich gegen die aufreibenden Auseinandersetzungen mit einem als Partner wichtigen Menschen innerlich abschirmen. Will sich so gut als möglich gegen verletzende und quälende Erschütterungen schützen. ✶✶✶

## BLAU

## 143₂

Charakteristik des Zusammengehörigkeitsgefühls, der inneren Verbundenheit und Beziehung zum Partner.
»Wie ich für einen mir nahen Menschen empfinde.«

Sehnt sich nach einer liebevollen und dauernden Verbundenheit. Möchte aber von den bedrückenden Belastungen und Sorgen verschont bleiben, die durch eine starke, innere Bindung und Abhängigkeit entstehen können. Möchte alles vermeiden, was eine innere Isoliertheit und Einsamkeit zur Folge hätte. Versucht die Gefühlsbeziehung so zu gestalten, daß sie zu keinen Auseinandersetzungen führt, die verletzen könnten. ✲✲

## BLAU

## 213 4

Charakteristik des Zusammengehörigkeitsgefühls, der inneren Verbundenheit und Beziehung zum Partner. »Wie ich für einen mir nahen Menschen empfinde.«

Bewahrt sich die innere Selbständigkeit gegenüber Gefühlsbindungen. Verlangt eine entschiedene, ungeteilte und vorbehaltlose Zuwendung. Betrachtet es als Voraussetzung, um eine Bindung als sicher und zuverlässig akzeptieren zu können. Will sich mit diesen kritischen Vorbehalten gegen die lieblose und respektlose Verletzung der eigenen Persönlichkeit und inneren Würde schützen. Fordert von anderen eine respektvolle Anerkennung. Schirmt sich gegen kränkende Zurückweisung ab. Begibt sich durch die stolze Distanzierung leicht in eine innere Isoliertheit. ✶

# BLAU

## 214 3

**Charakteristik des Zusammengehörigkeitsgefühls, der inneren Verbundenheit und Beziehung zum Partner. »Wie ich für einen mir nahen Menschen empfinde.«**

Möchte sich gegen aufreibende und quälende Auseinandersetzungen mit einem als Partner wichtigen Menschen abschirmen und sich gegen verletzende Erschütterungen schützen. Nimmt diesem gegenüber eine leicht reizbare, kritisch oppositionelle Haltung ein. Verteidigt sich gegen eine lieblose oder respektlose Verletzung der eigenen Persönlichkeit und inneren Würde. Fordert vom anderen eine respektvolle Anerkennung. Will jetzt die innere Selbständigkeit wahren. Begibt sich aber durch die stolze Distanzierung leicht in eine innere Isoliertheit. ✳✳✳

# BLAU

## 231₄

**Charakteristik des Zusammengehörigkeitsgefühls, der inneren Verbundenheit und Beziehung zum Partner.
»Wie ich für einen mir nahen Menschen empfinde.«**

Wahrt sich die innere Selbständigkeit gegenüber Gefühlsbeziehungen. Verlangt eine entschiedene, ungeteilte und vorbehaltlose Zuwendung als Voraussetzung für eine Beziehung, die als zuverlässig und sicher akzeptiert werden kann. Schützt sich dadurch gegen eine lieblose oder respektlose Verletzung der Selbstachtung und inneren Würde. Schirmt sich gegen kränkende Zurückweisung ab. Fordert vom anderen eine respektvolle Anerkennung. Begibt sich durch die stolze Distanzierung leicht in eine innere Isoliertheit. ✳

## BLAU

## 234[1]

Charakteristik des Zusammengehörigkeitsgefühls, der inneren Verbundenheit und Beziehung zum Partner. »Wie ich für einen mir nahen Menschen empfinde.«

Wahrt die innere Selbständigkeit gegenüber Gefühlsbindungen. Findet, daß die Voraussetzungen fehlen für eine innere Zugehörigkeit mit gegenseitigem Respekt. Darum kann sich auch das Gefühl der vertrauten Geborgenheit und entspannten Verbundenheit nicht entwickeln. Will sich gegen eine lieblose und respektlose Verletzung der eigenen Persönlichkeit und inneren Würde schützen. Schirmt sich gegen Kränkungen oder Zurückweisungen ab. Fordert von anderen eine respektvolle Anerkennung. Begibt sich durch die stolze Distanzierung in eine innere Isoliertheit. ✳

# BLAU

## 241₃

**Charakteristik des Zusammengehörigkeitsgefühls, der inneren Verbundenheit und Beziehung zum Partner. »Wie ich für einen mir nahen Menschen empfinde.«**

Möchte sich gegen aufreibende oder empörende Auseinandersetzungen mit einem nahestehenden Menschen innerlich abschirmen. Will sich gegenüber dieser Beziehung die innere Selbständigkeit bewahren. Schützt sich damit gegen Kränkungen, Zurückweisungen und gegen eine lieblose oder respektlose Verletzung der eigenen Persönlichkeit und inneren Würde. Fordert vom anderen eine respektvolle Anerkennung. Durch die stolze, kühle Distanzierung entsteht aber eine innere Isoliertheit. ✶✶✶

# BLAU

## 243₁

**Charakteristik des Zusammengehörigkeitsgefühls, der inneren Verbundenheit und Beziehung zum Partner. »Wie ich für einen mir nahen Menschen empfinde.«**

Distanziert sich, da die Bedingungen für eine vertrauensvolle Verbundenheit nicht erfüllt sind. Wahrt sich deshalb die innere Selbständigkeit gegenüber einer Gefühlsbindung. Will sich durch Distanziertheit gegen eine lieblose oder respektlose Verletzung der eigenen Persönlichkeit und inneren Würde schützen. Versucht sich gegen Kränkungen oder Zurückweisungen abzuschirmen. Fordert durch die stolze Distanzierung eine respektvolle Anerkennung. Begibt sich damit aber in eine innere Isoliertheit. ✶

# BLAU

## 312₄

**Charakteristik des Zusammengehörigkeitsgefühls, der inneren Verbundenheit und Beziehung zum Partner. »Wie ich für einen mir nahen Menschen empfinde.«**

Möchte in dem geliebten Menschen oder der eigenen Aufgabe und Tätigkeit mit inniger Begeisterung, mit Engagiertheit und innerer Verbundenheit voll aufgehen. Empfindet den geliebten Menschen oder die Lieblingsbeschäftigung als Ideal, welches das Leben dominiert. Findet darin eine sinnvolle Befriedigung und Erfüllung. Verlangt von anderen aber eine ebensolche vorbehaltlose und ungeteilte Zuwendung. Findet, das sei eine wichtige Voraussetzung für eine zuverlässige und sichere Beziehung.

# BLAU

## 314₂

**Charakteristik des Zusammengehörigkeitsgefühls, der inneren Verbundenheit und Beziehung zum Partner. »Wie ich für einen mir nahen Menschen empfinde.«**

Möchte gegenüber dem als Partner wichtigen Menschen kein Gefühl der Distanz aufkommen lassen und alles vermeiden, was in eine innere Isoliertheit führt oder ein Gefühl von Einsamkeit bewirkt. Kann in dem geliebten Menschen oder der eigenen Aufgabe und Tätigkeit mit inniger Begeisterung und vollem Engagement ganz aufgehen. Macht sich daraus ein Ideal, welches das Leben dominiert. Findet darin eine sinnvolle Befriedigung und Erfüllung.

# BLAU

## 321₄

**Charakteristik des Zusammengehörigkeitsgefühls, der inneren Verbundenheit und Beziehung zum Partner. »Wie ich für einen mir nahen Menschen empfinde.«**

Möchte die eigenen Ideen und die Partnerbeziehung nach der eigenen Vorstellung gestalten. Macht daraus ein Ideal, welches das Leben dominiert. Widmet sich der Lieblingsbeschäftigung mit Umsicht und mit begeistertem Engagement. Verlangt von anderen eine vorbehaltlose und ungeteilte Zuwendung. Findet, das sei eine Voraussetzung für eine zuverlässige und sichere Beziehung.

# BLAU

## 324₁

**Charakteristik des Zusammengehörigkeitsgefühls, der inneren Verbundenheit und Beziehung zum Partner.
»Wie ich für einen mir nahen Menschen empfinde.«**

Möchte eigene Ideen und die Partnerbeziehung nach den eigenen Vorstellungen gestalten. Macht daraus ein Ideal, welches das Leben dominiert. Widmet sich der Lieblingsbeschäftigung mit Umsicht und mit begeistertem Engagement. Findet, daß die Voraussetzungen, um sich mit dem Erreichten zufrieden geben zu können, noch nicht erfüllt sind. Darum ist eine innere Ruhe und Gelassenheit noch nicht möglich.

## BLAU

## 341₂

**Charakteristik des Zusammengehörigkeitsgefühls, der inneren Verbundenheit und Beziehung zum Partner. »Wie ich für einen mir nahen Menschen empfinde.«**

Möchte Gefühle der inneren Isoliertheit und Einsamkeit vermeiden. Widmet sich mit Aufgeschlossenheit und inniger Begeisterung dem geliebten Menschen oder der Lieblingsbeschäftigung. Macht sich daraus ein Ideal, welches das Leben dominiert. Gibt sich ihm mit Vorliebe, mit Umsicht und begeistertem Engagement hin.

## BLAU

## 3 4 2 1

**Charakteristik des Zusammengehörigkeitsgefühls, der inneren Verbundenheit und Beziehung zum Partner.
»Wie ich für einen mir nahen Menschen empfinde.«**

Findet, daß die Voraussetzungen für eine ruhige Geborgenheit und gelassene Zufriedenheit noch nicht gegeben sind. Widmet sich mit Aufgeschlossenheit und inniger Begeisterung dem geliebten Menschen oder der Lieblingsbeschäftigung. Macht sich daraus ein Ideal, welches das Leben dominiert. Gibt sich ihm mit Vorliebe, mit Umsicht und begeistertem Engagement hin.

## BLAU

## 412 3

**Charakteristik des Zusammengehörigkeitsgefühls, der inneren Verbundenheit und Beziehung zum Partner. »Wie ich für einen mir nahen Menschen empfinde.«**

Da aufreibende Konflikte mit einem nahestehenden Menschen zu quälend und empörend sind, besteht das dringende Bedürfnis, von solchen Belastungen befreit zu werden. Sehnt sich darum nach einer liebevollen, friedlichen Beziehung zu den Menschen, die als Partner wichtig sind. Wünscht sich eine sorgenfreie und heitere Beziehung, die zu keinen verletzenden Auseinandersetzungen führt. ✶✶

## BLAU

## 413 2

**Charakteristik des Zusammengehörigkeitsgefühls, der inneren Verbundenheit und Beziehung zum Partner. »Wie ich für einen mir nahen Menschen empfinde.«**

Hat ein starkes Bedürfnis nach einer liebevollen, friedlichen Partnerbeziehung, um kein Gefühl der inneren Isoliertheit und Einsamkeit aufkommen zu lassen. Möchte zur Zeit von den Belastungen und Konflikten verschont bleiben, welche bei einer Beziehung mit innerer Abhängigkeit entstehen. Wünscht sich darum zu den nahestehenden, wichtigen Menschen eine konfliktfreie und offene Beziehung, die zu keinen verletzenden Auseinandersetzungen führt. ✶

# BLAU

## 421₃

**Charakteristik des Zusammengehörigkeitsgefühls, der inneren Verbundenheit und Beziehung zum Partner. »Wie ich für einen mir nahen Menschen empfinde.«**

Aufreibende Auseinandersetzungen mit einem als Partner wichtigen Menschen waren empörend und quälend. Möchte sich dagegen innerlich abschirmen. Will die innere Selbständigkeit gegenüber dieser Beziehung wahren und sich distanzieren. Wünscht sich jetzt solche Kontakte, die zu keinen belastenden oder verletzenden Auseinandersetzungen führen. Wendet sich gern theoretischen und spekulativen Ideen zu, um sich belastenden Konflikten zu entziehen. ✲✲✲

# BLAU

## 4 2 3 [1]

**Charakteristik des Zusammengehörigkeitsgefühls, der inneren Verbundenheit und Beziehung zum Partner. »Wie ich für einen mir nahen Menschen empfinde.«**

Die äußeren Voraussetzungen für eine zufriedene Zusammengehörigkeit und vertrauensvolle Verbundenheit sind nicht erfüllt. Bewahrt sich darum die innere Selbständigkeit und ist gegenüber Gefühlsbindungen innerlich distanziert. Will verletzende Auseinandersetzungen sowie Abhängigkeit und Sorgen meiden. Wendet sich gerne theoretischen Überlegungen oder einer ästhetischen und spekulativen Ideenwelt zu. ✶

# BLAU

## 431₂

**Charakteristik des Zusammengehörigkeitsgefühls, der inneren Verbundenheit und Beziehung zum Partner. »Wie ich für einen mir nahen Menschen empfinde.«**

Möchte Gefühle der inneren Isoliertheit und Einsamkeit vermeiden. Wünscht sich anregende, aber sorgenfreie und konfliktlose Beziehungen zu den Menschen, die als Partner wichtig sind. Ist für Begegnungen aufgeschlossen und an Kontakten lebhaft interessiert. Möchte aber von Belastungen verschont bleiben, die bei einer starken Bindung und inneren Abhängigkeit entstehen würden.

## BLAU

## 4 3 2 1

**Charakteristik des Zusammengehörigkeitsgefühls, der inneren Verbundenheit und Beziehung zum Partner.
»Wie ich für einen mir nahen Menschen empfinde.«**

Es fehlen die Voraussetzungen für eine zufriedene Zusammengehörigkeit und vertrauensvolle Verbundenheit. Möchte von Belastungen verschont bleiben, die bei einer starken Bindung und inneren Abhängigkeit entstehen würden. Wünscht sich eine heitere, sorgenfreie und konfliktlose Beziehung zu den Menschen, die als Partner in Frage kommen.

# Die Grün-Wahlen

Charakteristik der inneren Steuerung,
der Willens- und Genußfähigkeit.
»Wie ich selber sein will.«

# GRÜN

## 1 2 3 4

**Charakteristik der inneren Steuerung, der Willens- und Genußfähigkeit.**
**»Wie ich selber sein will.«**

Verfolgt das Ziel und läßt sich von anderen nicht beeinflussen und von den persönlichen Absichten nicht ablenken.
Verlangt, daß der persönliche Wille respektiert wird. Möchte nicht verzichten, sondern dann, wenn es die Umstände ermöglichen, sich auserlesenen Sinnesgenüssen hingeben. Erlebt beim Genießen der sinnlichen Behaglichkeit ein entspanntes Wohlgefühl und möchte es gerne verweilend auskosten.
Fühlt sich dann zufrieden und ist in diesen Augenblicken mit sich in Harmonie. ✷

# GRÜN

## 124 3

**Charakteristik der inneren Steuerung, der Willens- und Genußfähigkeit.**
**»Wie ich selber sein will.«**

Empfindet die Last von Verpflichtungen und die konventionelle, geregelte Alltäglichkeit als lustlose Einengung. Möchte darum aus der nivellierenden Durchschnittlichkeit ausbrechen. Will nach der eigenen Überzeugung leben und auf originelle, ungewöhnliche Weise das erleben, was Spaß und Genuß bereitet. Möchte sich vor allem in wohltuender Behaglichkeit erholen, sich zufrieden fühlen und in Harmonie mit sich leben können. Hat darum das Bedürfnis, sich auserlesenen Sinnesgenüssen hingeben zu können und sich dabei zu erholen. ✻✻

# GRÜN

## 132₄

**Charakteristik der inneren Steuerung, der Willens- und Genußfähigkeit.**
**»Wie ich selber sein will.«**

Will sich nicht ablenken oder beeinflussen lassen. Ist darum besorgt, in solchen Verhältnissen zu leben, die eine sichere Beständigkeit bieten und die Befriedigung der sinnlich-körperlichen Genüsse gewährleisten. Erlebt beim Genießen von sinnlichen Behaglichkeiten ein entspanntes Wohlgefühl und kann es verweilend auskosten. Fühlt sich dann zufrieden und ist mit sich in Harmonie.

# GRÜN

## 134₂

**Charakteristik der inneren Steuerung, der Willens- und Genußfähigkeit.**
**»Wie ich selber sein will.«**

Sucht Mittel und Wege, um geregelte Verhältnisse zu haben, die eine sichere Beständigkeit und Befriedigung der sinnlich-körperlichen Genüsse gewähren. Erlebt beim Genießen der Behaglichkeit ein entspanntes Wohlgefühl und kann es verweilend auskosten. Fühlt sich dann zufrieden und ist mit sich in Harmonie.

# GRÜN

## 1423

**Charakteristik der inneren Steuerung,
der Willens- und Genußfähigkeit.
»Wie ich selber sein will.«**

Empfindet Verpflichtungen und die geregelte Konvention als Einengung und Behinderung der persönlichen Möglichkeiten und als spießige Ordnung.
Will aus der nivellierenden Alltäglichkeit und beengenden Durchschnittlichkeit ausbrechen und sich anderen, neuen Erlebnismöglichkeiten zuwenden. Möchte das Ungewöhnliche, Originelle erleben und genießen. Erlebt beim Genießen von sinnlichen Behaglichkeiten ein entspanntes Wohlgefühl und kann es verweilend auskosten. Fühlt sich dann zufrieden und ist mit sich in Harmonie. ✶✶

# GRÜN

## 143₂

**Charakteristik der inneren Steuerung, der Willens- und Genußfähigkeit.**
**»Wie ich selber sein will.«**

Möchte den Härten und Widerständen und der erforderlichen Selbstbehauptung am liebsten ausweichen. Mag Abwechslung, Ablenkung und anregende Kontakte. Fühlt sich dann zufrieden und mit sich in Harmonie, wenn es möglich ist, die wohltuende Behaglichkeit zu genießen.

# GRÜN

## 213 4

**Charakteristik der inneren Steuerung, der Willens- und Genußfähigkeit.**
**»Wie ich selber sein will.«**

Läßt sich in den eigenen Absichten nicht beeinflussen. Hat den festen Willen, sich als ausgeprägte Persönlichkeit zu behaupten. Profiliert sich und hebt sich gegenüber der Durchschnittlichkeit heraus. Verlangt, daß man die besondere, persönliche Gestaltung beachtet und angemessen respektiert. Will nach der ausgeprägten, eigenen Überzeugung selbst bestimmen und verfügen können. ✶

# GRÜN

## 214 3

Charakteristik der inneren Steuerung, der Willens- und Genußfähigkeit.
»Wie ich selber sein will.«

Empfindet die geregelte Konvention als Einengung und Behinderung der eigenen Möglichkeiten. Lehnt sie als spießige Ordnung und banale Sturheit ab.
Will aus der nivellierenden Alltäglichkeit und beengenden Durchschnittlichkeit ausbrechen und sich auf ungewöhnliche, originelle Weise zur Geltung bringen. Will sich als ausgeprägte Persönlichkeit profilieren und sich gegenüber der Durchschnittlichkeit herausheben. Verlangt, daß man die besondere, persönliche Geltung beachtet und die oft ungewöhnliche oder eigenwillige Meinung angemessen respektiert. Will nach der eigenen Überzeugung selbst bestimmen und verfügen können. ✶✶

# GRÜN

## 231₄

**Charakteristik der inneren Steuerung, der Willens- und Genußfähigkeit.**
**»Wie ich selber sein will.«**

Läßt sich in der persönlichen Überzeugung nicht beeinflussen. Verteidigt die Interessen und läßt sich vom Ziel nicht ablenken. Will sich und den anderen die innere Selbständigkeit und Unabhängigkeit beweisen. Hat den festen Willen, sich als individuelle Persönlichkeit zu behaupten, sich zu profilieren und sich gegenüber der Durchschnittlichkeit herauszuheben. Verlangt, daß man die besondere persönliche Meinung und Geltung beachtet und respektiert. Will nach der festen, eigenen Meinung selbst bestimmen und verfügen können. ✻

# GRÜN

## 234₁

**Charakteristik der inneren Steuerung, der Willens- und Genußfähigkeit.**
**»Wie ich selber sein will.«**

Hat den festen Willen, sich gegen Schwierigkeiten zu behaupten und sich von widrigen Umständen nicht unterkriegen zu lassen. Wehrt sich dagegen, zu erschlaffen und gegen sich weichlich nachgiebig zu sein oder sich mit unbefriedigenden Kompromissen abzufinden. Will sich als Persönlichkeit profilieren und sich zur Geltung bringen. Gestattet sich deshalb nicht, sich bequemen Behaglichkeiten verweilend hinzugeben. Macht die eigene Überzeugung zum Prinzip und verlangt, daß es kompromißlos respektiert wird.

# GRÜN

## 241₃

**Charakteristik der inneren Steuerung, der Willens- und Genußfähigkeit.**
**»Wie ich selber sein will.«**

Empfindet Verpflichtungen und die geregelte Konvention als Einengung und Behinderung der persönlichen Möglichkeiten. Hält sie für eine spießige Ordnung, die zur banalen Verflachung und Sturheit führt. Will aus der nivellierenden Alltäglichkeit und beengenden Durchschnittlichkeit ausbrechen und sich auf ungewöhnliche, originelle Weise zur Geltung bringen. Ist an anregenden Begegnungen interessiert. Will sich profilieren. Hebt sich als originelle, besondere Persönlichkeit gegenüber der Durchschnittlichkeit heraus. Verlangt, daß man die besondere, persönliche Meinung und Geltung beachtet und angemessen respektiert. Will nach der ausgeprägten, eigenen Überzeugung selbst bestimmen und verfügen können. ✶✶✶

# GRÜN

## 243₁

**Charakteristik der inneren Steuerung, der Willens- und Genußfähigkeit.**
**»Wie ich selber sein will.«**

Wehrt sich teilweise unbewußt dagegen, sich in geselliger Behaglichkeit zufrieden zu fühlen. Empfindet solch anspruchsloses Wohlbehagen als Bequemlichkeit. Will sich als interessante Persönlichkeit profilieren und sich zur Geltung bringen. Gestattet sich deshalb nicht, sich bequemen Behaglichkeiten verweilend hinzugeben oder gegen sich weichlich nachgiebig zu sein. Befürchtet, die persönlichen Ziele dann nicht erreichen zu können. Macht die eigene Überzeugung zum Prinzip und verlangt, daß sie respektiert wird. Ist an anregenden Begegnungen und besonders an dem originell Ungewöhnlichen interessiert. ✱

# GRÜN

## 312 4

**Charakteristik der inneren Steuerung, der Willens- und Genußfähigkeit.**
**»Wie ich selber sein will.«**

Will an den persönlichen Absichten festhalten und sich nicht beeinflussen lassen. Ist darum besorgt, ein Leben in stabilen, geordneten Verhältnissen führen zu können. Will sich behaupten und die Ansprüche verwirklichen. Ist aus innerer Natürlichkeit fähig, sich körperlich zu entspannen und das Wohlgefühl der Behaglichkeit auszukosten.

# GRÜN

## 314 2

**Charakteristik der inneren Steuerung, der Willens- und Genußfähigkeit.**
**»Wie ich selber sein will.«**

Sucht Mittel und Wege, um ein Leben in stabilen, geordneten Verhältnissen führen zu können. Hat den Willen, sich zu behaupten und nicht aufzugeben. Ist aus innerer Natürlichkeit fähig, sich körperlich zu entspannen, Sinnesempfindungen zu genießen und das Wohlgefühl der Behaglichkeit auszukosten.

# GRÜN

## 3214

**Charakteristik der inneren Steuerung, der Willens- und Genußfähigkeit.**
**»Wie ich selber sein will.«**

Hält an den persönlichen Absichten fest. Läßt sich nicht beeinflussen und vom Ziel nicht ablenken. Hat den festen Willen, ein Leben in stabilen, geordneten Verhältnissen zu führen. Will sich auch gegenüber Widerständen mit innerer Festigkeit behaupten und die Absicht durchsetzen.

# GRÜN

## 324[1]

**Charakteristik der inneren Steuerung, der Willens- und Genußfähigkeit.**
**»Wie ich selber sein will.«**

Wehrt sich teilweise unbewußt dagegen, sich in bequemer Gemütlichkeit und genußvoller Behaglichkeit zufrieden zu fühlen. Will nicht weich und nachgiebig sein, sondern sich fordern, um die Ansprüche zu erfüllen und die Ziele zu erreichen. Hat den Willen durchzuhalten, Schwierigkeiten zu bewältigen und sich mit innerer Festigkeit zu behaupten.

## GRÜN

## 341₂

**Charakteristik der inneren Steuerung, der Willens- und Genußfähigkeit.**
**»Wie ich selber sein will.«**

Hat den Willen, sich auch in neuen Situationen zu behaupten. Sucht Mittel und Wege, um die Interessen wahrzunehmen. Ist zwar für anregende Begegnungen aufgeschlossen, möchte sich aber auf keine großen Risiken einlassen, sondern in geordneten Verhältnissen ein sorgenfreies Leben führen.

# GRÜN

## 3 4 2 1

**Charakteristik der inneren Steuerung, der Willens- und Genußfähigkeit.**
**»Wie ich selber sein will.«**

Wehrt sich teilweise unbewußt dagegen, sich in entspannter Gemütlichkeit und bequemer Behaglichkeit zufrieden zu fühlen. Fordert sich. Will sich behaupten und im Elan nicht erlahmen. Will ein Leben in stabilen, geordneten Verhältnissen führen. Ist zugleich für anregende, interessante Beziehungen aufgeschlossen.

# GRÜN

## 412 3

**Charakteristik der inneren Steuerung, der Willens- und Genußfähigkeit.**
**»Wie ich selber sein will.«**

Empfindet Verpflichtungen, die geregelte Konvention und die nivellierende Alltäglichkeit als Sturheit. Will aus der spießigen Durchschnittlichkeit ausbrechen. Will sich auf ungewöhnliche, originelle Weise verwirklichen. Möchte innere Spannungen beiseite schieben und sich ablenken. Ist an unbelastenden, neuen Beziehungen und reizvollen, anregenden Kontakten stark interessiert. ✲✲✲

# GRÜN

## 413₂

**Charakteristik der inneren Steuerung, der Willens- und Genußfähigkeit.**
**»Wie ich selber sein will.«**

Sucht Mittel und Wege, um sich von bestimmten, ungelösten persönlichen Problemen ablenken zu können. Möchte die inneren Spannungen am liebsten beiseite schieben, um nicht von ihnen bedrückt zu sein. Ist an unbelastenden, neuen Beziehungen und anregenden Kontakten stark interessiert. ✽

# GRÜN

## 421₃

**Charakteristik der inneren Steuerung, der Willens- und Genußfähigkeit.**
**»Wie ich selber sein will.«**

Empfindet Verpflichtungen oder die nivellierende Alltäglichkeit und geregelte Konvention als Sturheit. Will aus der spießigen Durchschnittlichkeit ausbrechen. Will sich auf ungewöhnliche, originelle Weise verwirklichen und sich als besondere Persönlichkeit herausheben.
Möchte innere Spannungen beiseite schieben und sich ablenken. Ist erwartungsvoll und an unbelastenden Beziehungen und reizvoll anregenden Kontakten stark interessiert. ✳✳✳

# GRÜN

## 423₁

**Charakteristik der inneren Steuerung, der Willens- und Genußfähigkeit.**
**»Wie ich selber sein will.«**

Findet, die Situation und die eigenen Ansprüche gestatten es nicht, gegen sich selber nachgiebig zu sein und sich mit unbefriedigenden Bedingungen abzufinden. Will sich als Persönlichkeit profilieren. Verlangt, daß man die besondere Meinung und Geltung beachtet und angemessen respektiert. Das schafft persönliche Probleme. Versucht aber, die inneren Spannungen beiseite zu schieben und sich abzulenken. Ist an unbelastenden und anregenden Kontakten interessiert, weil neue Beziehungen die einfachste Lösung zu sein scheinen.

# GRÜN

## 431$_2$

**Charakteristik der inneren Steuerung, der Willens- und Genußfähigkeit.**
**»Wie ich selber sein will.«**

Glaubt, daß die eigenen Wünsche und Meinungen vom anderen nicht respektiert werden, wenn sie offen geäußert werden. Möchte Probleme am liebsten beiseite schieben, um von inneren Spannungen nicht belastet zu sein. Ist erwartungsvoll aufgeschlossen und an unbelastenden Beziehungen und anregenden Kontakten stark interessiert.

# GRÜN

## 432₁

**Charakteristik der inneren Steuerung, der Willens- und Genußfähigkeit.**
**»Wie ich selber sein will.«**

Findet, daß in der gegenwärtigen Situation die Voraussetzungen für eine befriedigende Behaglichkeit nicht gegeben sind. Will sich zwar mit der unbefriedigenden Kompromiß-Situation nicht abfinden, weiß aber auch noch nicht, wie die belastenden Probleme gelöst werden sollen. Versucht deshalb, die beunruhigenden und bedrückenden Spannungen zu beseitigen. Sucht nach Möglichkeiten, die Verhältnisse zu ändern, um sich von dem belastenden Druck zu befreien. Ist an unbelastenden, aber anregenden Kontakten erwartungsvoll interessiert, weil neue Möglichkeiten unter besseren Voraussetzungen die einfachste Lösung zu sein scheint. ✶

# Die Rot-Wahlen

Charakteristik der Aktivität, des Antriebs und der Reaktion auf Herausforderungen.
»Wie ich auf Anforderungen reagiere.«

# ROT

## 123 4

**Charakteristik der Aktivität, des Antriebs und der Reaktion auf Herausforderungen.**
**»Wie ich auf Anforderungen reagiere.«**

Empfindet die Situation als zermürbend. Ist durch die schwer erträglichen, aufreibenden und andauernden Belastungen überfordert. Möchte sich gegen alle aufreizende Hektik abschirmen und von Auseinandersetzungen verschont bleiben. Sehnt sich nach konfliktloser Behaglichkeit, nach schonungsvoller Rücksichtnahme und nach friedlichen und befriedigenden Verhältnissen. ✳✳

# ROT

## 1243

Charakteristik der Aktivität, des Antriebs und der Reaktion auf Herausforderungen.
»Wie ich auf Anforderungen reagiere.«

Ist zur Zeit einer derart aufreibenden Situation ausgesetzt, daß sie als quälend und zermürbend empfunden wird. Hält die Anforderungen für unzumutbar oder für eine aggressive Provokation. Ist durch die schwer erträglichen, aufreibenden Belastungen oder Herausforderungen überfordert und überreizt. Ist dadurch rasch erschöpft und müde. Möchte sich gegen all die quälenden Anforderungen und Auseinandersetzungen abschirmen. Sehnt sich nach konfliktloser, erholsamer Behaglichkeit und nach schonungsvoller Rücksichtnahme. ✳✳✳

# ROT

## 132 4

**Charakteristik der Aktivität, des Antriebs und der Reaktion auf Herausforderungen.**
**»Wie ich auf Anforderungen reagiere.«**

Hat jetzt den Wunsch, alle Auseinandersetzungen und aufreibenden Herausforderungen zu vermeiden und nichts zu tun, was zusätzliche Belastungen mit sich bringen würde. Will vor allem vermeiden, etwas Unbedachtes zu tun und Risiken einzugehen. Braucht schonungsvolle Rücksichtnahme und friedliche Verhältnisse. ✶

# ROT

## 134₂

**Charakteristik der Aktivität, des Antriebs und der Reaktion auf Herausforderungen.**
**»Wie ich auf Anforderungen reagiere.«**

Hat jetzt den Wunsch, bei den eigenen Aktivitäten und bei Herausforderungen alles zu vermeiden, was Spannungen und Auseinandersetzungen provoziert. Will die eigenen Forderungen auf friedlichem Weg durchsetzen, weil zur Zeit ein starkes Bedürfnis nach konfliktloser Ruhe und Beständigkeit besteht. ✶

# ROT

## 142₃

**Charakteristik der Aktivität, des Antriebs und der Reaktion auf Herausforderungen.**
»Wie ich auf Anforderungen reagiere.«

Fühlt sich zur Zeit unzumutbaren Anforderungen oder aggressiven Provokationen ausgesetzt, die quälend und aufreibend sind.
Durch die schwer erträglichen Belastungen oder Herausforderungen ist die Energie, die notwendig wäre, um sich durchzusetzen, rasch erschöpft. Sehnt sich daher nach einer friedlichen, konfliktlosen Behaglichkeit ohne Spannungen. Braucht schonungsvolle Rücksichtnahme. ✷✷✷

# ROT

## 143 2

**Charakteristik der Aktivität, des Antriebs und der Reaktion auf Herausforderungen.**
»Wie ich auf Anforderungen reagiere.«

Fühlt sich in letzter Zeit durch den Druck von Hindernissen und unzumutbaren Forderungen belastet. Möchte keine weiteren Herausforderungen verkraften müssen, da die Widerstandskraft erschöpft ist. Sehnt sich nach friedlicher, erholsamer Behaglichkeit und braucht schonungsvolle Rücksichtnahme. ✳✳

## ROT

## 2134

**Charakteristik der Aktivität, des Antriebs und der Reaktion auf Herausforderungen.**
**»Wie ich auf Anforderungen reagiere.«**

Will vor allem vermeiden, etwas Unbedachtes zu tun. Ist auf der Hut, um die Ansprüche zu verteidigen und sich gegen Schwierigkeiten oder drohende Benachteiligung zu schützen. Nimmt eine vorsichtige, kontrollierte Haltung ein, um Risiken zu vermeiden. ✶

# ROT

## 2143

**Charakteristik der Aktivität, des Antriebs und der Reaktion auf Herausforderungen.**
**»Wie ich auf Anforderungen reagiere.«**

Ist zur Zeit einer schwer zu ertragenden Situation ausgesetzt. Empfindet die Forderungen als unzumutbar und aufreibend.
Will aber den schwierigen Verhältnissen nicht unterliegen, sondern ihnen widerstehen. Nimmt sich zusammen, um weder weichlich nachgiebig zu sein, noch Kompromisse zu machen oder zu resignieren. Unterdrückt den Ärger und staut die Aggressivität, um den drohenden Affektausbruch solange wie möglich unter Kontrolle halten zu können. ✻✻✻

# ROT

## 231₄

**Charakteristik der Aktivität, des Antriebs und der Reaktion auf Herausforderungen.**
**»Wie ich auf Anforderungen reagiere.«**

Will die Unsicherheit und die Schwierigkeiten meistern. Ist auf der Hut, um die Ansprüche zu verteidigen. Will zweckmäßig und vorsichtig vorgehen, um Risiken zu vermeiden und sich gegen Nachteile zu schützen. Hält sich unter Kontrolle, um die Absicht durch keine unbedachte Äußerung oder Unvorsichtigkeit zu gefährden.

# ROT

## 234₁

**Charakteristik der Aktivität, des Antriebs und der Reaktion auf Herausforderungen.**
**»Wie ich auf Anforderungen reagiere.«**

Fühlt sich ständig gefordert. Will den Herausforderungen gewachsen sein und die Schwierigkeiten oder Widerstände meistern.
Versucht, die Ungeduld zu unterdrücken und sich soweit als möglich zu beherrschen. Will den offenen Ausbruch eines Konfliktes und die unliebsamen Konsequenzen vermeiden.

# ROT

## 241₃

**Charakteristik der Aktivität, des Antriebs und der Reaktion auf Herausforderungen.**
**»Wie ich auf Anforderungen reagiere.«**

Empfindet die gegenwärtige Situation als unzumutbar oder als aggressive Provokation, als aufreizend und quälend.
Die schwer erträglichen, andauernden Belastungen und Herausforderungen erzeugen einen Widerwillen. Will aber den widrigen Verhältnissen widerstehen und nicht resignieren. Nimmt sich jetzt sehr zusammen, damit der drohende, leicht entzündbare Ausbruch so lange wie möglich unter Kontrolle gehalten werden kann. ✻✻✻

# ROT

## 243₁

**Charakteristik der Aktivität, des Antriebs und der Reaktion auf Herausforderungen.**
**»Wie ich auf Anforderungen reagiere.«**

Fühlt sich durch die Schwierigkeiten und Widerstände, die den Absichten im Wege stehen, herausgefordert und ist in eine innere Spannung versetzt.
Will sich aber beherrschen, um die Schwierigkeiten und die Situation vorläufig unter Kontrolle zu halten. Doch können sich die gestauten Affekte aus Ungeduld leicht entzünden und dann zu einem impulsiven Ausbruch führen. ✻

# ROT

## 312₄

**Charakteristik der Aktivität, des Antriebs und der Reaktion auf Herausforderungen.**
**»Wie ich auf Anforderungen reagiere.«**

Begehrt intensiv zu leben und freut sich, Herausforderungen anzupacken und mit vitaler Kraft zu erleben. Ist aktiv und unternehmungsfreudig, aber zugleich auch auf der Hut, um sicher zu gehen und Risiken zu vermeiden. Will die Ansprüche verteidigen und das Ziel erreichen.
Ist aber auch fähig, sich zu entspannen und Behaglichkeiten zu genießen. Dadurch besteht ein ausgleichender Wechsel zwischen Aktivität und Erholung. Damit werden Übertreibungen und Erschöpfung vermieden. Die Aktivität behält ihre ausgeglichene Regelmäßigkeit.

## ROT

## 314₂

Charakteristik der Aktivität, des Antriebs und der Reaktion auf Herausforderungen.
»Wie ich auf Anforderungen reagiere.«

Begehrt intensiv zu leben und freut sich, Herausforderungen anzupacken und mit vitaler Kraft zu erleben. Ist aktiv und erlebnisfreudig.
Läßt sich in den Interessen und Absichten nicht behindern. Empfindet konventionelle Vorurteile oder Kleinlichkeit als unnötige Einengung.

# ROT

## 321₄

**Charakteristik der Aktivität, des Antriebs und der Reaktion auf Herausforderungen.**
**»Wie ich auf Anforderungen reagiere.«**

Begehrt intensiv zu leben und freut sich, Herausforderungen anzunehmen und mit zielstrebigem Eifer voranzutreiben.
Will die Absicht mit gezielter Energie durchsetzen. Läßt sich von fremden Einflüssen nicht ablenken. Will durch Eifer und beharrliche Beständigkeit einen imponierenden Erfolg erreichen.

# ROT

## 324₁

**Charakteristik der Aktivität, des Antriebs und der Reaktion auf Herausforderungen.**
**»Wie ich auf Anforderungen reagiere.«**

Begehrt, intensiv zu leben und freut sich, Herausforderungen anzupacken und mit betriebsamer Aktivität zielstrebig voranzutreiben.
Setzt die Energie konzentriert und kontrolliert ein und zersplittert sich trotz der ruhelosen Unternehmungsfreude und Aktivität nicht. Will mit den Leistungen einen imponierenden Erfolg erreichen. Gönnt sich darum wenig Erholung und Entspannung.

# ROT

## 341₂

**Charakteristik der Aktivität, des Antriebs und der Reaktion auf Herausforderungen.**
**»Wie ich auf Anforderungen reagiere.«**

Begehrt intensiv zu leben und freut sich, Herausforderungen anzupacken und mit vitaler Kraft zu erleben. Ist aufgeschlossen, aktiv und unternehmungsfreudig. Erwartet, daß auch andere die Interessen teilen und begeistert mitmachen.
Läßt sich in den Absichten nicht behindern oder einengen. Läßt sich auch nicht von konventionellen Vorurteilen oder von der Kleinlichkeit oder Ängstlichkeit anderer beeindrucken.

## ROT

## 342₁

Charakteristik der Aktivität, des Antriebs und der Reaktion auf Herausforderungen.
»Wie ich auf Anforderungen reagiere.«

Begehrt intensiv zu leben und freut sich, Herausforderungen mit vitaler Kraft anzupacken. Ist aufgeschlossen und unternehmungsfreudig. Entfaltet eine betriebsame Aktivität. Möchte Erfolge sehen und eine imponierende Wirkung erleben. Erwartet, daß auch die anderen die Interessen teilen und begeistert mitmachen.

## ROT

## 412 ₃

**Charakteristik der Aktivität, des Antriebs und der Reaktion auf Herausforderungen.**
**»Wie ich auf Anforderungen reagiere.«**

Fühlt sich in der gegenwärtigen Situation Forderungen und Zumutungen ausgesetzt, die als quälende Belastung schwer zu ertragen sind.
Fühlt sich dadurch überfordert und ist überreizt. Möchte dringend von dem Druck entlastet und befreit werden und sich von den erschöpfenden Zumutungen erholen. ✳✳✳

# ROT

## 413 2

**Charakteristik der Aktivität, des Antriebs und der Reaktion auf Herausforderungen.**
**»Wie ich auf Anforderungen reagiere.«**

Hält es für schwer erträglich, sich der konventionellen Regelmäßigkeit und einer geregelten Aktivität zu unterstellen. Empfindet eine Tätigkeit, die eine beharrliche Ausdauer erfordert und Widerstände zu bewältigen hat, als bedrückende Einengung. Hat den Drang nach einer unbehinderten Erlebnis-Freiheit. Möchte ausbrechen und Hindernisse, die im Wege stehen, umgehen. ✸✸

## ROT

## 421₃

**Charakteristik der Aktivität, des Antriebs und der Reaktion auf Herausforderungen.**
**»Wie ich auf Anforderungen reagiere.«**

Fühlt sich in der gegenwärtigen Situation Forderungen und Zumutungen ausgesetzt. Findet, daß die quälende Belastung schwer zu ertragen ist.
Möchte dringend von den aufreibenden Zumutungen befreit werden und nach freiem Ermessen tun können, was beliebt. ✱✱✱

# ROT

## 423₁

**Charakteristik der Aktivität, des Antriebs und der Reaktion auf Herausforderungen.**
**»Wie ich auf Anforderungen reagiere.«**

Möchte sich von den aufreibenden Schwierigkeiten der gegenwärtigen Situation befreien. Sucht voller Erwartung nach besseren Chancen, um das dringende Bedürfnis nach mehr Erlebnis-Freiheit zu befriedigen. Doch bleibt die erforderliche Konsolidierung und dauerhaft befriedigende Situation noch aus. ✶

## ROT

## 431₂

**Charakteristik der Aktivität, des Antriebs und der Reaktion auf Herausforderungen.**
**»Wie ich auf Anforderungen reagiere.«**

Bringt jetzt die Geduld nicht auf, um Schwierigkeiten mit beharrlicher Ausdauer zu bewältigen. Möchte am liebsten ausbrechen und die Hindernisse beiseite schieben, um unbelastet, unbehindert und befreit tun zu können, was beliebt. ✳

# ROT

## 4 3 2 1

**Charakteristik der Aktivität, des Antriebs und der Reaktion auf Herausforderungen.
»Wie ich auf Anforderungen reagiere.«**

Empfindet die Bedingungen der gegenwärtigen Situation nicht als befriedigend. Möchte sich aus diesem Zustand befreien und sich hoffnungsvoll scheinenden, neuen Erlebnismöglichkeiten zuwenden. Sucht darum voller Erwartung nach besseren Bedingungen, die mehr Erlebnis-Freiheit bieten. ✶

# Die Gelb-Wahlen

Erwartungshaltung (Antizipation); Einstellung zur künftigen Entwicklung und gegenüber neuen Begegnungen.
»Was ich jetzt für die Zukunft erwarte.«

# GELB

## 123₄

**Erwartungshaltung (Antizipation); Einstellung zur künftigen Entwicklung und gegenüber neuen Begegnungen.**
**»Was ich jetzt für die Zukunft erwarte.«**

Möchte im Augenblick lieber keine großen Pläne für die Zukunft machen. Befürchtet, es könnten Illusionen sein, die enttäuscht würden. Beobachtet mit Vorsicht und kritischer Aufmerksamkeit, wie sich der andere verhält. Möchte wissen, ob er aufrichtig und zuverlässig ist. Diese Vorsicht ist zur Zeit um so wichtiger, als der Wunsch nach anschmiegsamer, anhänglicher Zärtlichkeit und nach konfliktloser, erholsamer Behaglichkeit im Augenblick besonders groß ist. ✻✻

# GELB

## 124 3

**Erwartungshaltung (Antizipation); Einstellung zur künftigen Entwicklung und gegenüber neuen Begegnungen.**
**»Was ich jetzt für die Zukunft erwarte.«**

Empfindet die gegenwärtige Situation mit Mißbehagen. Sieht noch nicht, wie sich dieser unerfreuliche und auf die Dauer schwer erträgliche Zustand künftig ändern soll. Nimmt eine abwartende und passive Haltung ein. Versucht sich aber zu distanzieren und sich gegen unangenehme Zumutungen abzuschirmen.
Ist unter diesen Umständen leicht verletzbar und empfindlich. Möchte mit schonungsvoller Rücksicht behandelt werden. Ist für warmherziges Entgegenkommen empfänglich und sehnt sich nach anschmiegsamer Behaglichkeit. ✳ ✳ ✳

# GELB

## 132₄

**Erwartungshaltung (Antizipation); Einstellung zur künftigen Entwicklung und gegenüber neuen Begegnungen.**
**»Was ich jetzt für die Zukunft erwarte.«**

Macht sich über die Zukunft keine großen Gedanken. Lebt in der unmittelbaren Gegenwart. Will sich nicht mit leeren Hoffnungen und Illusionen abgeben, die unerfüllt bleiben. Pflegt zum Partner und zu den nahestehenden Menschen eine warmherzige, liebevolle und friedliche Beziehung.
Möchte unbedingt vermeiden, daß ein Gefühl der Distanz und Leere aufkommen kann. Der Wunsch nach friedlicher und anhänglicher Harmonie, nach Wärme, nach anschmiegsamer Zärtlichkeit und lustvoller Behaglichkeit ist jetzt besonders stark.

# GELB

## 134₂

**Erwartungshaltung (Antizipation); Einstellung zur künftigen Entwicklung und gegenüber neuen Begegnungen.**
**»Was ich jetzt für die Zukunft erwarte.«**


Möchte besonders jetzt und auch weiterhin zum Partner und im Kontakt zu nahestehenden Menschen eine warmherzige, liebevolle und friedliche Beziehung haben.
Vor allem soll kein Gefühl einer kühlen Distanz auftreten. Versucht, Spannungen und Konflikte friedlich zu lösen und keine verletzende Kritik aufkommen zu lassen. Hat den Wunsch nach anschmiegsamer Zärtlichkeit und sinnlicher Behaglichkeit. Ist fähig, Sinnesempfindungen genußvoll auszukosten und dabei zu verweilen.

# GELB

## 142 3

**Erwartungshaltung (Antizipation); Einstellung zur künftigen Entwicklung und gegenüber neuen Begegnungen.**
**»Was ich jetzt für die Zukunft erwarte.«**

Empfindet die gegenwärtige Situation mit Mißbehagen. Sieht noch nicht, wie dieser unerfreuliche und auf die Dauer schwer erträgliche Zustand sich künftig ändern wird.
Wünscht sich einen Ausweg, der Erleichterung und eine befreiende Lösung bringen soll. Ist aber zur Zeit noch vom Erlebten betroffen und befangen und verhält sich deshalb passiv. Ist unter diesen Umständen leicht verletzbar und empfindlich. Möchte mit schonungsvoller Rücksicht behandelt werden. Ist für warmherziges Entgegenkommen empfänglich und sehnt sich nach anschmiegsamer Behaglichkeit. ✳✳✳

# GELB

## 1432

**Erwartungshaltung (Antizipation); Einstellung zur künftigen Entwicklung und gegenüber neuen Begegnungen.**
**»Was ich jetzt für die Zukunft erwarte.«**

Möchte, daß in Zukunft Spannungen und Konflikte, die eine kühle Distanzierung zur Folge haben, vermieden werden.
Hat den sehnlichen Wunsch, daß zum Partner und im Kontakt mit den nahestehenden Menschen eine liebevolle und geklärte Beziehung besteht, die von Konflikt-Spannungen befreit ist und nicht belastet.
Ist unter diesen Voraussetzungen für ein warmherziges Entgegenkommen empfänglich und sehnt sich nach liebevoller Behaglichkeit und genußvoller Gemütlichkeit. *

# GELB

## 213 4

**Erwartungshaltung (Antizipation); Einstellung zur künftigen Entwicklung und gegenüber neuen Begegnungen.**
**»Was ich jetzt für die Zukunft erwarte.«**

Hat gegenüber der aktuellen Situation eine distanzierte, kritisch prüfende Abwehrhaltung. Steht der künftigen Entwicklung mit gespannter Wachsamkeit, mit kritischen Vorbehalten und Mißtrauen gegenüber. Will sich schützen, um sich vor Enttäuschungen und vor Benachteiligungen zu bewahren. Ist dennoch in diesem Zustand innerlich leicht verletzbar, empfindlich und besonders durch eine lieblose Zurückweisung rasch gekränkt. *

## GELB

## 214 3

**Erwartungshaltung (Antipation); Einstellung zur künftigen Entwicklung und gegenüber neuen Begegnungen.**
»Was ich jetzt für die Zukunft erwarte.«

Die aktuelle Situation bereitet ein starkes Mißbehagen. Sieht zur Zeit nicht, wie sich die Verhältnisse, die auf die Dauer schwer erträglich sind, in naher Zukunft bessern werden. Steht der künftigen Entwicklung beunruhigt, mit gespannter Wachsamkeit und kritischen Vorbehalten gegenüber. ✳✳✳

# GELB

## 231₄

**Erwartungshaltung (Antizipation); Einstellung zur künftigen Entwicklung und gegenüber neuen Begegnungen.**
**»Was ich jetzt für die Zukunft erwarte.«**

Nimmt gegenüber der aktuellen Situation eine distanzierte, kritisch prüfende Verteidigungshaltung ein. Steht der künftigen Entwicklung mit gespannter Wachsamkeit, mit Vorbehalten und Mißtrauen gegenüber.
Will sich schützen und sich vor Enttäuschungen und vor Benachteiligungen bewahren. Hält es unter diesen Umständen für ratsam, mit behutsamer Vorsicht vorzugehen, um die Wünsche durchzusetzen und zu befriedigen. ✶

# GELB

## 234₁

**Erwartungshaltung (Antizipation); Einstellung zur künftigen Entwicklung und gegenüber neuen Begegnungen.**
**»Was ich jetzt für die Zukunft erwarte.«**


Beobachtet die künftige Entwicklung mit gespannter Wachsamkeit. Steht ihr mit kritischen Vorbehalten und Mißtrauen gegenüber. Hütet sich davor, vertrauensselig oder gutgläubig zu sein. Hält es unter diesen Umständen für ratsam, mit behutsamer Vorsicht vorzugehen, um die Wünsche durchzusetzen und zu befriedigen. ✻

## GELB

## 241₃

**Erwartungshaltung (Antizipation); Einstellung zur künftigen Entwicklung und gegenüber neuen Begegnungen.**
»Was ich jetzt für die Zukunft erwarte.«

Die aktuelle Situation bereitet ein Unbehagen, das auf die Dauer schwer erträglich ist. Sieht zur Zeit keinen Weg, wie sich die Verhältnisse in naher Zukunft bessern werden. Möchte die Verhältnisse klären und eine befreiende und entlastende Lösung finden. Ist nach außen eher abwartend, kritisch beobachtend und distanziert. Schützt sich dadurch vor Enttäuschungen. ✻✻✻

# GELB

## 243[1]

**Erwartungshaltung (Antizipation); Einstellung zur künftigen Entwicklung und gegenüber neuen Begegnungen.**
**»Was ich jetzt für die Zukunft erwarte.«**

Verfolgt die künftige Entwicklung mit gespannter Wachsamkeit. Will sich gegen Benachteiligung und Enttäuschung schützen. Hütet sich davor, vertrauensselig oder gutgläubig zu sein. Ist ein kritischer Beobachter und dadurch innerlich distanziert. ✻✻

# GELB

## 312₄

**Erwartungshaltung (Antizipation); Einstellung zur künftigen Entwicklung und gegenüber neuen Begegnungen.**
»Was ich jetzt für die Zukunft erwarte.«

Legt Wert darauf, daß die Beziehungen jetzt und in Zukunft gefestigt bleiben. Möchte vermeiden, daß eine Enttäuschung, ein Verlust oder ein Gefühl von Leere eintritt.
Pflegt einen warmen, unmittelbaren und herzlichen Kontakt zu den Mitmenschen. Kann sich an lustvollen Erlebnissen freuen. Vermag das Erlebte sinnenfreudig zu genießen und verweilend auszukosten.

# GELB

## 314₂

**Erwartungshaltung (Antizipation); Einstellung zur künftigen Entwicklung und gegenüber neuen Begegnungen.**
**»Was ich jetzt für die Zukunft erwarte.«**

Nimmt aufgeschlossen und mit Interesse an den Mitmenschen und an der Umwelt teil. Lebt in der Gegenwart und ist ohne Distanziertheit und Mißtrauen stets offen und begeisterungsfähig. Ist zu einem unmittelbaren warmen Kontakt fähig. Ist aufgeschlossen und ohne Vorbehalte bereit, teilzunehmen und mitzumachen. Kann sich an lustvollen Erlebnissen freuen und das Erlebte sinnenfreudig genießen.

## GELB

## 321₄

**Erwartungshaltung (Antizipation); Einstellung zur künftigen Entwicklung und gegenüber neuen Begegnungen.**
**»Was ich jetzt für die Zukunft erwarte.«**


Ist auf der Hut und wachsam besorgt, daß die gegenwärtigen Beziehungen sicher sind und weder jetzt noch in Zukunft durch Risiken oder Enttäuschungen oder Verluste bedroht werden.

# GELB

## 324₁

**Erwartungshaltung (Antizipation); Einstellung zur künftigen Entwicklung und gegenüber neuen Begegnungen.**
**»Was ich jetzt für die Zukunft erwarte.«**

Möchte nicht zu kurz kommen und künftige Gelegenheiten nicht verpassen. Versucht mit Gewandtheit die Situation so zu arrangieren, daß der erwünschte Vorteil erreicht wird.

# GELB

## 341₂

**Erwartungshaltung (Antizipation); Einstellung zur künftigen Entwicklung und gegenüber neuen Begegnungen.**
**»Was ich jetzt für die Zukunft erwarte.«**

Ist für das, was in der Gegenwart und in nächster Zukunft geschehen soll, mit wachem Interesse aufgeschlossen. Kann sich für interessante Mitmenschen stark begeistern, besonders dann, wenn sie zur Entfaltung des Interessenbereiches beitragen. Hat Freude, neue Aspekte zu entdecken, abwechslungsreiche Erlebnisse zu haben und kann sie genießen.

# GELB

## 3421

Erwartungshaltung (Antizipation); Einstellung zur künftigen Entwicklung und gegenüber neuen Begegnungen.
»Was ich jetzt für die Zukunft erwarte.«


Kann sich stark begeistern, besonders wenn eine Beziehung neuartig ist und zur Entfaltung des Interessenbereiches beiträgt. Hat Freude, Neues zu entdecken, neue Erlebnisse zu haben, neue Aspekte zu verfolgen und zu verbessern.

# GELB

## 412 3

**Erwartungshaltung (Antizipation); Einstellung zur künftigen Entwicklung und gegenüber neuen Begegnungen.**
**»Was ich jetzt für die Zukunft erwarte.«**

Die aktuellen Verhältnisse bereiten starkes Mißbehagen. Diese vorübergehende Durchgangssituation ist schwer zu ertragen. Hofft aber, unter neuen, besseren Voraussetzungen einen Ausweg und eine befreiende Lösung zu finden. ✻✻✻

# GELB

## 4132

**Erwartungshaltung (Antizipation); Einstellung zur künftigen Entwicklung und gegenüber neuen Begegnungen.**
»Was ich jetzt für die Zukunft erwarte.«


Möchte sich aus der gegenwärtigen, unbehaglichen und zwiespältigen Situation befreien und einen erleichternden Ausweg finden.
Hofft, daß es künftig unter besseren Voraussetzungen möglich sein wird, eine konfliktfreie und befriedigende Beziehung zu pflegen. ✱✱

# GELB

## 421₃

**Erwartungshaltung (Antizipation); Einstellung zur künftigen Entwicklung und gegenüber neuen Begegnungen.**
**»Was ich jetzt für die Zukunft erwarte.«**


Die aktuellen Bedingungen bereiten ein starkes Mißbehagen. Empfindet sie als vorübergehende Durchgangssituation, die nicht leicht zu ertragen ist. Will sich unbedingt davon distanzieren. Will sich über die Situation Klarheit verschaffen. Ist deshalb wachsam auf der Hut. Hofft, unter neuen, besseren Voraussetzungen einen Ausweg und eine befreiende Lösung zu finden. ✸✸✸

# GELB

## 423₁

**Erwartungshaltung (Antizipation); Einstellung zur künftigen Entwicklung und gegenüber neuen Begegnungen.**
**»Was ich jetzt für die Zukunft erwarte.«**

Sieht die gegenwärtigen Verhältnisse, die unbefriedigend sind, als Durchgangssituation. Ist auf der Hut, um sich gegen Benachteiligung und Enttäuschungen zu schützen. Steht der künftigen Entwicklung mit gespannter, kritischer Wachsamkeit gegenüber. Will sich Klarheit verschaffen. Hofft, daß sich künftig bessere Bedingungen erreichen lassen, die eine befreiende Erleichterung bringen werden. *

# GELB

## 431₂

**Erwartungshaltung (Antizipation); Einstellung zur künftigen Entwicklung und gegenüber neuen Begegnungen.**
»Was ich jetzt für die Zukunft erwarte.«

Möchte am liebsten aus der aktuellen, unbefriedigenden Situation ausbrechen. Hofft, künftig unter neuen, besseren Voraussetzungen die erwünschte, befreiende Lösung zu finden. Möchte sich dann, befreit von den Behinderungen, in neuen Beziehungen und Erlebnismöglichkeiten frei entfalten können. ✶

# GELB

## 432₁

**Erwartungshaltung (Antizipation); Einstellung zur künftigen Entwicklung und gegenüber neuen Begegnungen.**
**»Was ich jetzt für die Zukunft erwarte.«**

Erwartet mit innerer Ungeduld, daß die künftige Entwicklung die ersehnte Lösung und Erfüllung bringen werde. Sucht darum ruhelos nach neuen Möglichkeiten. Erhofft von ihnen einen befreienden Ausweg aus den gegenwärtig nicht befriedigenden Bedingungen. ✶

# Senkrechte Auswertung

**Kolonne links**
Wenn Sie in den beiden senkrechten Kolonnen *links* viermal die gleiche Ziffer haben oder wenn in der senkrechten Kolonne *links außen* wenigstens dreimal die gleiche Ziffer vorkommt (zum Beispiel dreimal die 1), dann lesen Sie auf den folgenden Seiten »Kolonne links« die Auswertung unter dieser Ziffer.

**Kolonne rechts**
Wenn Sie in den beiden senkrechten Kolonnen *rechts* viermal die gleiche Ziffer haben oder wenn in der senkrechten Kolonne *rechts außen* wenigstens dreimal die gleiche Ziffer vorkommt (zum Beispiel dreimal die 4), dann lesen Sie auf den folgenden Seiten »Kolonne rechts« die Auswertung unter dieser Ziffer.

**Doppel-Kolonne**
Eine Doppel-Kolonne kommt zustande, wenn Sie *links* eine Kolonne haben, in der sich eine Ziffer in der oben beschriebenen Weise wiederholt, und wenn Sie zugleich auch *rechts* eine Kolonne haben, in der sich eine Ziffer in dieser Weise wiederholt.
Merken Sie sich die Ziffer auf der linken Seite und die Ziffer auf der rechten Seite (zum Beispiel links 1, rechts 4).
Lesen Sie die Auswertung und die Empfehlung unter diesen beiden Ziffern in der Tabelle *Doppel-Kolonne* auf den Seiten 124 bis 129.

# Kolonne links

### links 1

#### Geborgenheitsbedürfnis

Benötigt beruhigende, erholsame Behaglichkeit und eine konfliktlose, harmonische Partnerbeziehung. Wünscht sich Übereinstimmung und Verbundenheit. Wenn diese Bedürfnisse unbefriedigt bleiben, Neigung zu Selbstverwöhnung und Betäubung zum Beispiel durch Essen, Rauchen, Sex oder Alkohol.
- Betäubung der psychosomatischen Überreiztheit.

*Empfehlung:* Wenn Sie eine bedrückende Stimmung verspüren, ist es in Ihrer Situation vor allem wichtig, daß Sie nicht in Passivität verharren. Grübeln Sie nicht darüber nach, ob Sie benachteiligt sind. Lassen Sie keine Art von Selbstmitleid aufkommen. Sie sollten auch nicht bloß dem Frieden zuliebe Kompromisse machen. Wichtig für Sie ist, daß Sie unbedingt aktiv sind und die Situation aus eigener Initiative selbst so gestalten, wie Sie sie gerne haben möchten.

# Kolonne links

### links 2

### Geltungsanspruch

Will als besondere Persönlichkeit geachtet werden. Will durch Überlegenheit als kompetent respektiert werden. Will sich behaupten und selbst bestimmen können. Nimmt zur Stärkung der Selbstsicherheit eine autoritative Haltung ein.
● Psychosomatische Gespanntheit.

*Empfehlung:* Schließen Sie sich auf und kommen Sie 'dem anderen entgegen. Teilen Sie dem anderen Ihre Gefühle mit. Vermeiden Sie, daß eine Distanz gegenüber dem anderen entsteht, die zu einer inneren Isoliertheit führen könnte. Versuchen Sie, den anderen so gründlich zu verstehen, daß Sie seine Eigenart akzeptieren können. Vermeiden Sie es, dem anderen Ihre Überlegenheit zu zeigen.

# Kolonne links

### links 3

**Aktivität**

Fühlt sich herausgefordert. Will eine starke Wirkung erzielen. Will den Erfolg und die Resonanz der eigenen Intensität und vitalen Aktivität spüren.
Diese Aktivität nimmt oft die Form von Aggressivität und Provokation an.
● Psychosomatische Erregtheit, stimuliert.

*Empfehlung:* Sie wollen Ihre Intensität und Ihre Stärke spüren und Ihre Wirkung auf andere erleben. Sie brauchen den Erfolg, denn er gibt Ihnen Selbstvertrauen. Sie sollten sich aber nicht auf Abenteuer und Risiken einlassen, weil Sie meinen, etwas zu verpassen oder zu kurz zu kommen. Wichtig für Sie ist, daß Sie zuerst in aller Ruhe und Gelassenheit prüfen, ob sich in diesem Falle der ganze Aufwand wirklich lohnt.

## Kolonne links

### links 4

**Befreiung**

Möchte sich von bedrückender Behinderung oder Belastung befreien. Erwartet in Zukunft neue, bessere Möglichkeiten (Problem-Flucht).
● Lösung aus psychosomatischer Gespanntheit.

*Empfehlung:* Sie sollten sich kritisch fragen, inwiefern Sie Erwartungen haben, die in Wirklichkeit nur Ihre illusionären Wünsche sind. Versuchen Sie, Menschen und Situationen einfach als das zu nehmen, was sie sind. Beurteilen Sie andere nicht nach Ihren eigenen Idealen und Prinzipien. Fällen Sie keine Werturteile. Dann machen Sie sich keine Illusionen und können auch nicht enttäuscht werden. Damit erlangen Sie die innere Freiheit, die Sie jetzt benötigen.

# Kolonne rechts

### rechts 1

### Entfremdung

Fühlt sich in der gegebenen Situation nicht wohl und geborgen, sondern entfremdet und innerlich einsam. Ist dadurch unzufrieden, überempfindlich, ungeduldig, ruhelos. Möchte aus dieser Situation heraus. Hat Angst vor Abhängigkeit in einer unbefriedigenden Bindung.
● Ruhelosigkeit und psychosomatische Erregtheit, agitiert.

*Empfehlung:* Auch wenn Ihnen Ihr persönliches Anliegen wichtig ist, sollten Sie die nötige Geduld haben, um genügend auf den anderen einzugehen. Vertiefen Sie sich in seine Situation, bis Sie ihn so gut verstehen, als würden Sie an seiner Stelle stehen. Andernfalls ärgern Sie sich, werden unzufrieden und ungeduldig und fühlen sich durch die Äußerungen oder das Verhalten des anderen verletzt. Machen Sie dann nicht den Fehler, sich innerlich abzuwenden, die Beziehung (innerlich) zu kündigen oder einfach wegzulaufen.
*Leitsatz:* Ich will den anderen mit liebevoller Geduld verstehen. Ich will die Beziehung selber und aus eigener Initiative so gestalten, daß sie mich befriedigt.

## Kolonne rechts

### rechts 2

**Behinderter Geltungsanspruch**

Fühlt sich durch Druck oder Widerstand in den eigenen Ansprüchen eingeengt und in der persönlichen Geltung nicht angemessen respektiert oder durch eine zermürbende Zwangslage unterdrückt und in einer Sackgasse. Braucht Bestätigung. Will den Hindernissen ausweichen, um nach freiem Belieben leben und verfügen zu können. Angst vor Zwang, vor Einengung und vor Behinderung des freien Willens.
● Psychosomatische Überspannung, Labilität.

*Empfehlung:* Wenn Sie eigenwillige oder überfordernde Ansprüche stellen, stoßen Sie auf Widerstand. Sie finden, es fehle an Verständnis oder an Großzügigkeit. Den Widerstand empfinden Sie als äußeren Druck oder als beengende Zwangssituation.
Vermeiden Sie es darum, besonders attraktiv oder überlegen sein zu wollen. Wenn Sie Ihren Geltungsanspruch zurücknehmen, werden Sie sich freier fühlen.
*Leitsatz:* Ich werde meinen Willen auf keinen Fall trotzig durchsetzen.

# Kolonne rechts

### rechts 3

### Überforderung

Ärgert, quält und kränkt sich, daß die Anstrengungen keinen angemessenen Erfolg haben. Lustlosigkeit, Ermüdbarkeit, Schwächung und Resignation sind die Folge.
● Psychosomatisch: erschöpfende Überreizung.

*Empfehlung:* Wenn es Sie ärgert und quält, daß Ihre Absicht und die aufgewendete Energie nicht die gewünschte Wirkung hat; wenn es Sie entmutigt und kränkt, daß Sie nicht den gewünschten Erfolg erreichen, oder wenn Sie zu wenig Verständnis und keine angemessene Resonanz finden, dann sollten Sie zunächst eine innere und, wenn nötig, auch eine äußere Distanz zu der ganzen Angelegenheit schaffen. In jedem Fall sollten Sie entweder Ihre Absicht oder wenigstens Ihr Vorgehen ändern. Sie sollten auf keinen Fall resignieren, sondern sich fordern und sich erreichbare Leistungsziele setzen. Dadurch spüren Sie Ihre eigene Kraft und stärken Ihr Selbstvertrauen. Führen Sie täglich anstrengende Kraftübungen aus und treiben Sie Sport.
*Leitsatz:* Lassen Sie es sein, was es ist.

# Kolonne rechts

rechts **4**

### Besorgtheit

Hat Kummer, erträgt keine Unsicherheiten, ist darum besorgt, daß kein Verlust der Bindung, des Besitzes, der Gesundheit und des Ansehens eintritt. Nimmt Kritik schwer und zuweilen als Zurückweisung.
● Psychosomatisch: Gespanntheit.

*Empfehlung:* Vermeiden Sie unbedingt, über Vergangenes oder über künftige Möglichkeiten nachzugrübeln. Bemühen Sie sich ständig, in der wirklichen Gegenwart zu leben. Nehmen Sie mit wacher Aufmerksamkeit alle Sinneseindrücke wahr und gehen Sie unmittelbar auf das ein, was Sie jetzt gerade, gegenwärtig erleben. Machen Sie das Beste aus dieser Gegenwart. Tun Sie alles, was möglich ist, damit die Situation jetzt gut und erfreulich ist. Aus einer guten Gegenwart gestalten Sie die bestmögliche Zukunft.
Bewerten Sie etwas nicht als negativ, unangenehm, unsympathisch, schlecht usw., nur weil es anders ist, als Sie es erwarten oder wünschen.
*Leitsatz:* Weitaus am wichtigsten für mich ist der gegenwärtige Augenblick. Ich erlebe ihn mit wacher Aufmerksamkeit, ohne etwas negativ zu bewerten. Ich bin innerlich frei und unabhängig.

# Doppel-Kolonne

**links: 1 / rechts: 2**
**Ein gefälliger Nutz-Genießer**
**(Katze)**

Fühlt sich in den Ansprüchen und der persönlichen Geltung nicht angemessen respektiert. Empfindet die Situation als Druck und Behinderung des freien Willens oder als Zwangslage und Sackgasse.
Weicht aber einer Entscheidung aus, um durch gefällige, konziliante Kompromißbereitschaft die benötigte Ruhe zu haben und die Vorteile nützen und genießen zu können.
*Empfehlung:* Vielseitige und offene Beziehungen.

**links: 1 / rechts: 3**
**Ein resignierter Überforderter**
**(Schnecke)**

Ist durch die ärgerlichen und kränkenden Verhältnisse überfordert. Findet, daß die Anstrengungen keinen angemessenen Erfolg haben. Ist durch die quälende Überreizung rasch ermüdet, erschöpft, deprimiert und resigniert. Benötigt konfliktlose, beruhigende und erholsame Behaglichkeit in harmonischer Verbundenheit.
*Empfehlung:* Distanzierung und selbstbewußte Eigenständigkeit.

# Doppel-Kolonne

**links: 1 / rechts: 4**
**Ein überfürsorglicher Geborgenheitssucher**
**(Bernhardiner)**

Ist ängstlich besorgt. Sucht einen festen Halt und beruhigende Geborgenheit. Sucht die benötigte Sicherheit, Befriedigung und Entspannung in einer zuverlässigen Bindung. Versucht sich durch Fürsorglichkeit vor dem Verlust der Bindung, des Besitzes oder der Gesundheit zu bewahren. Empfindet Kritik als Zurückweisung.
*Empfehlung:* Innere Unabhängigkeit und Selbständigkeit.

**links: 2 / rechts: 1**
**Ein anmaßender Einzelgänger**
**(Skorpion)**

Fühlt sich überlegen. Will als besondere Persönlichkeit respektiert werden. Will sich behaupten und selbst bestimmen können. Urteilt anmaßend. Entfremdet sich der als unbefriedigend taxierten Beziehung. Ist überempfindlich, ungeduldig und kann trotzig abweisend sein.
*Empfehlung:* Vielseitige und offene Beziehungen.

# Doppel-Kolonne

### links: 2 / rechts: 3
### Sich überfordernde Selbstbehauptung
### (Igel)

Ist überfordert und dadurch kritisch, überempfindlich, leicht verletzbar und gekränkt. Will sich aber behaupten. Ist selbstgefällig und verteidigt sich durch Argumentieren. Will der Situation durch Überlegenheit gewachsen sein und als kompetent respektiert werden. Bemüht sich, die angespannte Belastung auszuhalten und die Überreizung unter Kontrolle zu haben und nicht zum Ausbruch kommen zu lassen.
*Empfehlung:* Aufnahme- und Hingabebereitschaft.

### links: 2 / rechts: 4
### Ein perfektionistischer Respektfordernder
### (Schwan)

Eigene Unsicherheit und die Sorge vor dem Verlust an Ansehen, an Besitz oder der Gesundheit erzeugen eine ängstliche Gespanntheit. Will sich vor Kritik und Zurückweisung schützen. Ist darum besorgt, sich durch Rechtschaffenheit, Zuverlässigkeit und Perfektion zu bewähren. Will durch Überlegenheit als kompetent respektiert werden.
*Empfehlung:* Vertrauensvolle Verbundenheit und emotionale Kommunikation.

# Doppel-Kolonne

**links: 3 / rechts: 1
Ein ungeduldig Begehrender
(Stier)**

Will eine starke Wirkung erzielen und Erfolg haben. Will die Intensität der vitalen Aktivität spüren. Ist mit der bestehenden Situation und dem Erreichten nicht zufrieden. Will mehr. Hat Angst vor Abhängigkeit in einer unbefriedigenden Beziehung. Der Erlebnis- und Erfolgshunger verhindert eine ruhige Verbundenheit und befriedigende Geborgenheit. Ist daher ruhelos, ungeduldig und leicht erregbar. Kann aggressiv oder provozierend sein.
*Empfehlung:* Distanzierung und selbstbewußte Eigenständigkeit.

**links: 3 / rechts: 2
Ein Bestätigung Begehrender
(Gänserich)**

Will die Wirkung und den Erfolg der eigenen Aktivität erleben. Fühlt sich aber unter den gegebenen Verhältnissen in den Ansprüchen eingeengt und durch Widerstand behindert. Will den Hindernissen ausweichen, um nach freiem Belieben leben und erleben zu können und Bestätigung zu finden.
*Empfehlung:* Aufnahme- und Hingabebereitschaft.

## Doppel-Kolonne

### links: 3 / rechts: 4
### Ein besorgter Streber
### (Ameise)

Will einen wirksamen Erfolg erzielen. Ist darum besorgt, sicherzugehen und Risiken zu vermeiden. Strebt mit Achtsamkeit und Eifer danach, das Ziel sicher zu erreichen.
*Empfehlung:* Verständnisvolle Geduld und Konstanz.

### links: 4 / rechts: 1
### Ein ruheloser Paradies-Sucher
### (Schmetterling)

Hat eine Partnerschaft oder ein bindendes Engagement erlebt, das keine beruhigende Zufriedenheit gewährte. Hat sich diesem unbefriedigenden Engagement innerlich entfremdet. Möchte der Abhängigkeit und dem unbefriedigenden Engagement entfliehen und leichter erträgliche Verhältnisse finden. Sucht daher ruhelos und ungeduldig nach neuen, besseren Verhältnissen oder Beziehungen, die eine harmonische und befriedigende Lebenssituation ermöglichen.
*Empfehlung:* Innere Unabhängigkeit und Selbständigkeit.

# Doppel-Kolonne

### links: 4 / rechts: 2
### Ein ausbrechender Illusionist
### (Zugvogel)

Findet, daß die bestehenden Verhältnisse die eigenen Ansprüche behindern. Will dem Druck dieser Situation und den Hindernissen ausweichen und den Problemen entfliehen, um nach freiem Belieben leben zu können. Erwartet, daß sich in Zukunft neue, bessere Möglichkeiten bieten werden.
*Empfehlung:* Integration; vertrauensvolle Kommunikation.

### links: 4 / rechts: 3
### Ein gequälter Konfliktflüchter
### (Vogel Strauß)

Ärgert und kränkt sich wegen der zum Verzweifeln mißbehaglichen Situation. Findet, daß die Anstrengungen nicht den erwarteten Erfolg bringen. Möchte den quälenden Belastungen und Problemen entfliehen. Hofft, einen befreienden Ausweg und in Zukunft neue, bessere Möglichkeiten zu finden.
*Empfehlung:* Verständnisvolle Geduld und Konstanz.

# Weitere, spezielle Auswertungsmöglichkeiten

**Motiv-Analyse**
Jede Farbwahl beschreibt das Verhalten. Eine einfache Methode macht es möglich, auch das Motiv des Verhaltens aufzudecken. Es ist häufig Ursache einer psychosomatischen Erkrankung und kann auch ausschlaggebend sein für die emotionale Partnerwahl.

*Vorgehen:* Wenn in der senkrechten Kolonne *links* eine Ziffer drei- bis viermal vorkommt und *zugleich* in der Kolonne *rechts* eine Ziffer drei- oder viermal vorkommt, besteht – wie wir gesehen haben – eine *Doppel-Kolonne* (Seite 115).
Das Motiv für das Verhalten erkennt man, wenn man die beiden Ziffern umdreht: aus der Kombination 1 und 4 z. B. wird 4 und 1. Das verursachende Motiv (die umgedrehten Ziffern) wird ebenfalls unter *Doppel-Kolonne* (Seite 124 bis 129) abgelesen.

**Kombination von zwei Zeilen**
Wenn bei zwei waagerechten Zeilen die Ziffernfolgen übereinstimmen

zum Beispiel:
Blau  1 2 3 4
Gelb  1 2 3 4

dann beschreiben diese einen übergeordneten gemeinsamen Bedeutungsbereich. Er kann in der nachfolgenden Tabelle abgelesen werden.

| Übereinstimmung von: | beschreibt das |
|---|---|
| Blau-Zeile und Grün-Zeile | **Verhalten im privaten Bereich** (Selbst-Steuerung, Gewissen, Überzeugung, Vertrauenswürdigkeit) |
| Blau-Zeile und Rot-Zeile | **Verhalten im erotischen Bereich** (Charakteristik der erotischen Verbundenheit und Integrationsfähigkeit) |
| Blau-Zeile und Gelb-Zeile | **Kommunikations-Verhalten** (Partner-Beziehung und Kontaktverhalten) |
| Grün-Zeile und Rot-Zeile | **Kompetitions-Verhalten** (Leistungsverhalten, Wettbewerbsverhalten, Wille etwas zu bewirken; wie man verfügen möchte) |
| Rot-Zeile und Gelb-Zeile | **Verhalten im Erlebnisbereich** (wie und wieviel man erleben möchte und welche Erfolge man erwartet) |

# Wiederholung der Lüscher-Farbwahl

Die Lüscher-Farbwahl kann beliebig oft wiederholt werden. Die Wiederholung beeinträchtigt die Genauigkeit des Resultats nicht. Es lohnt sich vor allem in schwierigen Situationen, den Test zu wiederholen. Dadurch kann man die oft unbewußten Ursachen eines Konfliktes erkennen.

Besonders aufmerksam sollten jeweils die Verhaltens-Empfehlungen der »Senkrechten Auswertung« (Seite 115 bis 129) gelesen werden.

# Die Lüscher-Farbwahl zur Analyse von Konflikt-Ursachen

Die fünf Konflikt-Farben zeigen, wo das Problem liegt. Jahrzehntelange Erfahrungen an psychosomatischen Kliniken haben gezeigt, daß die Lüscher-Farben als Wegweiser zur Konfliktlösung benützt werden können. Mit den Konflikt-Farben (Lüscher-Blau, Lüscher-Grün, Lüscher-Rot, Lüscher-Gelb, Lüscher-Violett) können die meist unbewußten Ursachen von Konflikten in privaten und beruflichen Beziehungen und von psychosomatischen Beschwerden aufgedeckt werden.
Die Methode ist sehr einfach. Voraussetzung ist, daß man sich Zeit nimmt, um sich in jede der Konflikt-Farben zu vertiefen. Man muß sich solange in jede einzelne Farbe einfühlen, bis man deutlich spürt, welche Empfindung und Stimmung sie erzeugt. Bei manchen Menschen tritt dabei auch ein Unbehagen oder eine Schmerzempfindung an der dem Konflikt entsprechenden Körperstelle auf.

ACHTUNG: Um die Farbe richtig empfinden zu können, muß die subjektive Bevorzugung oder persönliche Abneigung völlig ausgeschaltet werden.

# Die fünf Konflikt-Farben

1. Vergegenwärtigen Sie sich einen Menschen oder eine Situation, die Sie als fragwürdig, als belastend oder konflikthaft empfinden.

2. Während Sie daran denken, lassen Sie nacheinander jede einzelne Farbe auf sich wirken.

3. Bei welcher Farbe empfinden Sie: »Diese Farbe paßt nicht zu dem Menschen, oder bei dieser Farbe ist der Gefühlsfluß blockiert, wenn ich mir die Konflikt-Situation vergegenwärtige?«

4. Spüren Sie dabei eine Körperempfindung? Welche?

Welche der nachfolgenden fünf Farben paßt nicht zu dem Menschen oder der Konfliktsituation?

# Konflikt-Farbe Blau

# Konflikt-Farbe Blau

**Konflikt-Ursache:**
Es besteht eine innere Entfremdung und keine entspannte Vertrauensbeziehung.

**Empfehlung:**
Wenn keine entspannte Vertrauensbeziehung mehr besteht, wenn ein innerer Rückzug oder eine innere Kündigung erfolgt und Entfremdung eingetreten ist, dann sollten Sie Ihre eigenen Absichten und Interessen solange beiseite lassen, bis Sie den anderen richtig und gründlich verstehen gelernt haben. Sie sollten sich die nötige Zeit nehmen, um in entspannter Ruhe und mit Geduld so sehr auf den anderen einzugehen und sich solange in seine Situation und seine Gründe zu vertiefen, bis Sie ihn so gut verstehen, als würden Sie an seiner Stelle stehen.

# Konflikt-Farbe Orange

# Konflikt-Farbe Orange

**Konflikt-Ursache:**
Es ist beunruhigend oder ärgerlich, daß die erstrebte Absicht und aufgewendete Mühe nicht die begehrte Wirkung und keinen befriedigenden Erfolg haben.

**Empfehlung:**
Wenn die aufgewendete Mühe nicht die begehrte Wirkung und keinen befriedigenden Erfolg hat, dann sollten Sie Ihre Absicht oder wenigstens Ihre Einstellung ändern.
Statt sich allzusehr zu engagieren, sollten Sie sich mehr distanzieren und Ihre Eigenständigkeit bewahren. Das heißt praktisch: Lassen Sie es kommen! Lassen Sie es geschehen! Lassen Sie es das sein, was es ist!

# Konflikt-Farbe Grün

# Konflikt-Farbe Grün

**Konflikt-Ursache:**
Der Betreffende versucht mit taktischen Mitteln rücksichtslos zu dominieren. Er will, daß seine Absichten und sein Geltungsanspruch unbedingt respektiert werden.

**Empfehlung:**
Wenn jemand versucht, mit seinen Absichten und seinem Geltungsanspruch zu dominieren, dann müssen Sie sich von ihm innerlich völlig frei machen. Sie müssen Ihre Eigenständigkeit bewahren und sich in keiner Weise mit ihm messen wollen.
Auf keinen Fall dürfen Sie irgendwelche Anerkennung oder Bestätigung von ihm erwarten, sonst machen Sie sich wegen Ihres eigenen Geltungsanspruches von ihm abhängig.
»Lassen Sie den Gockel auf dem Misthaufen krähen, auf den er sich stellt!«

# Konflikt-Farbe Gelb

# Konflikt-Farbe Gelb

**Konflikt-Ursache:**
Durch die bestehenden Schwierigkeiten ist die künftige Entwicklung fraglich. Die erwünschte positive Entfaltung ist behindert oder bereits enttäuscht worden.

**Empfehlung:**
Wenn Sie die künftige Entwicklung für fraglich halten, dann sollten Sie mit dem Wunschdenken aufhören. Sie wissen, daß falsche Erwartungen mit Sicherheit enttäuscht werden. Wenn Sie den übersteigerten Anspruch aufgeben, sind Sie von den Illusionen, die das Leben scheinbar bequemer machen, nicht mehr abhängig. Dann sind Sie innerlich frei. Erst durch die innere Freiheit erkennen Sie die Möglichkeiten, die sich Ihnen bieten. Dann sind Sie fähig, frei zu wählen, zu entscheiden und zu handeln.

# Konflikt-Farbe Violett

# Konflikt-Farbe Violett

**Konflikt-Ursache:**
Es mangelt an sensiblem Verständnis, an Resonanz, an gefühlvoller Interessiertheit und feinfühlender Übereinstimmung. »Wir haben nicht die gleiche Wellenlänge.«

**Empfehlung:**
Wenn es an Resonanz und Übereinstimmung fehlt, dann müssen Sie sich in den anderen einfühlen und seine Gefühle und Wünsche spüren, um sie zu verstehen und darauf einzugehen. Sie müssen auch den Mut haben, die eigenen Gefühle und Wünsche offen auszusprechen und deutlich zu erklären.
Wenn trotzdem kein gegenseitiges Verständnis entsteht, sollten Sie die Eigenart des anderen zwar tolerieren und respektieren, sich aber vom Wunsch nach Übereinstimmung lösen.

# Die psychologische Bedeutung der Farben

Wer könnte mit Worten eine Melodie beschreiben, wer vermag in Worte zu fassen, was das Minenspiel der Augen offenbart? Wie hilflos sind Begriffe, wenn wir Gefühle, die wir stark und deutlich erleben, mit Worten ausdrücken wollten.

Farben wie Rot und Braun empfinden wir als stark unterschiedlich. Trotzdem bezeichnen wir die Wirkung von beiden als »warm«. Wie eindrucksvoll armselig sind die beiden Begriffe des Tastsinnes »warm« und »kalt« für die tausendfältigen Farbempfindungen.

Daß aber alle Menschen die feinsten Farbunterschiede mit größter Genauigkeit wahrnehmen, beweist, wie erstaunlich objektiv die Sinnesempfindung jeder Farbe von jedermann erfaßt wird. Jeder, der eine Farbe wahrnimmt, hat dieselbe Sinnesempfindung und empfindet dieselbe Erlebnisqualität. Darum ist die Farbempfindung eine allgemeinverständliche Empfindungssprache ohne Worte: eine visuelle Sprache.

Farben haben nicht nur ein bestimmtes Aussehen (z. B. rot oder blau), sondern auch eine bestimmte und allgemeingültige Erlebnisqualität. Die bestimmte Erlebnisqualität ist die objektive Bedeutung. Rot beispielsweise bedeutet für alle Menschen: Erregung.

Die Farbempfindung ist für alle Menschen in allen Kulturen genau dieselbe. Die Sinnesempfindung von reinem Rot erzeugt bei jedem einen stimulierenden Reiz. Sie wirkt immer erregend.

# Die psychologische Bedeutung der Farben

Wer könnte mit Worten eine Melodie beschreiben, wer vermag in Worte zu fassen, was das Minenspiel der Augen offenbart? Wie hilflos sind Begriffe, wenn wir Gefühle, die wir stark und deutlich erleben, mit Worten ausdrücken wollten.

Farben wie Rot und Braun empfinden wir als stark unterschiedlich. Trotzdem bezeichnen wir die Wirkung von beiden als »warm«. Wie eindrucksvoll armselig sind die beiden Begriffe des Tastsinnes »warm« und »kalt« für die tausendfältigen Farbempfindungen.

Daß aber alle Menschen die feinsten Farbunterschiede mit größter Genauigkeit wahrnehmen, beweist, wie erstaunlich objektiv die Sinnesempfindung jeder Farbe von jedermann erfaßt wird. Jeder, der eine Farbe wahrnimmt, hat dieselbe Sinnesempfindung und empfindet dieselbe Erlebnisqualität. Darum ist die Farbempfindung eine allgemeinverständliche Empfindungssprache ohne Worte: eine visuelle Sprache.

Farben haben nicht nur ein bestimmtes Aussehen (z. B. rot oder blau), sondern auch eine bestimmte und allgemeingültige Erlebnisqualität. Die bestimmte Erlebnisqualität ist die objektive Bedeutung. Rot beispielsweise bedeutet für alle Menschen: Erregung.

Die Farbempfindung ist für alle Menschen in allen Kulturen genau dieselbe. Die Sinnesempfindung von reinem Rot erzeugt bei jedem einen stimulierenden Reiz. Sie wirkt immer erregend.

Diese allgemeingültig gleichartige Empfindung bewertet aber jeder auf seine persönliche Weise. Entweder er bejaht die erregende Empfindung, weil sie ihn anregt, oder aber er lehnt sie ab, weil sie ihn aufregt.

Die für alle gleichartige objektive Empfindung der Farbe wird durch das persönliche subjektive Gefühl unterschiedlich als sympathisch, als indifferent oder als unsympathisch bewertet.

Je nachdem, in welchem Gefühlszustand sich ein Mensch befindet, bejaht, ignoriert oder verneint er eine bestimmte Sinnesempfindung, zum Beispiel eine Farbe. Eine Farbe, die er schön findet, ist eine Sinnesempfindung, die von ihm bejaht wird. Kurz: Diese Farbe entspricht seinem Gefühlszustand.

In der Vielzahl der Farben vermag sich die Vielfalt der Gefühle widerzuspiegeln. Farbe ist dadurch – ähnlich wie Musik – eine hochdifferenzierte Sprache der Gefühle. Daher sind Farben visualisierte Gefühle.

Wer verstehen möchte, warum die Lüscher-Farben diese bestimmten Bedeutungen haben und wer das Regulations-System der Psyche kennen lernen möchte, das diese wörtlich genauen Einsichten ermöglicht, kann das Hauptwerk des Autors lesen:

»Das Harmoniegesetz in uns. Ein neuer Weg zu innerem Gleichgewicht und sinnerfülltem Leben.«
(ECON-Verlag).

# Lüscher-Blau 1

Das dunkle Blau 1 bewirkt von allen Farbempfindungen die tiefste Beruhigung. Experimente haben bewiesen, daß bei längerem Betrachten von Dunkelblau die Atmung langsamer wird, Puls und Blutdruck sinken.
Die physiologisch-objektive, allgemeingültige Bedeutung von Dunkelblau ist die Ruhe.
W. Kandinsky hat recht, wenn er Blau als »conzentrische Bewegung« versteht.
Das dunkle Blau bewirkt eine entspannte Ruhe und Zufriedenheit. Es vermittelt das Gefühl der Befriedigung und unendlichen Harmonie, der Einordnung, der Verbundenheit und Geborgenheit. Darum ist der Mantel der Gottesmutter Maria blau.
Blau entspricht dem Selbstgefühl der Zufriedenheit und Selbstbescheidung.
Im Zustand der inneren Ruhe und absichtslosen Zuwendung ist man besonders empfindsam und feinfühlig. Der Gefühlszustand von Blau ist daher eine Voraussetzung für die subtile Einfühlung und das ästhetische Erleben. Kant hat es als »interesseloses Wohlgefallen« beschrieben.
Schelling (1775–1854) beschreibt in seiner »Philosophie der Kunst« lauter Blau-Symbole, wenn er sagt: »Die Stille ist der der Schönheit eigentümliche Zustand, wie die Ruhe dem ungestörten Meere.«
Blau ist Symbolfarbe für die Dauer und zeitlose Ewigkeit. Blau ist daher die Farbe der Tradition und der Bindung (»Blau ist die Treue«).

Diese allgemeingültig gleichartige Empfindung bewertet aber jeder auf seine persönliche Weise. Entweder er bejaht die erregende Empfindung, weil sie ihn anregt, oder aber er lehnt sie ab, weil sie ihn aufregt.
Die für alle gleichartige objektive Empfindung der Farbe wird durch das persönliche subjektive Gefühl unterschiedlich als sympathisch, als indifferent oder als unsympathisch bewertet.
Je nachdem, in welchem Gefühlszustand sich ein Mensch befindet, bejaht, ignoriert oder verneint er eine bestimmte Sinnesempfindung, zum Beispiel eine Farbe. Eine Farbe, die er schön findet, ist eine Sinnesempfindung, die von ihm bejaht wird. Kurz: Diese Farbe entspricht seinem Gefühlszustand.
In der Vielzahl der Farben vermag sich die Vielfalt der Gefühle widerzuspiegeln. Farbe ist dadurch – ähnlich wie Musik – eine hochdifferenzierte Sprache der Gefühle. Daher sind Farben visualisierte Gefühle.
Wer verstehen möchte, warum die Lüscher-Farben diese bestimmten Bedeutungen haben und wer das Regulations-System der Psyche kennen lernen möchte, das diese wörtlich genauen Einsichten ermöglicht, kann das Hauptwerk des Autors lesen:
»Das Harmoniegesetz in uns. Ein neuer Weg zu innerem Gleichgewicht und sinnerfülltem Leben.«
(ECON-Verlag).

# Lüscher-Blau 1

Das dunkle Blau 1 bewirkt von allen Farbempfindungen die tiefste Beruhigung. Experimente haben bewiesen, daß bei längerem Betrachten von Dunkelblau die Atmung langsamer wird, Puls und Blutdruck sinken.
Die physiologisch-objektive, allgemeingültige Bedeutung von Dunkelblau ist die Ruhe.
W. Kandinsky hat recht, wenn er Blau als »conzentrische Bewegung« versteht.
Das dunkle Blau bewirkt eine entspannte Ruhe und Zufriedenheit. Es vermittelt das Gefühl der Befriedigung und unendlichen Harmonie, der Einordnung, der Verbundenheit und Geborgenheit. Darum ist der Mantel der Gottesmutter Maria blau.
Blau entspricht dem Selbstgefühl der Zufriedenheit und Selbstbescheidung.
Im Zustand der inneren Ruhe und absichtslosen Zuwendung ist man besonders empfindsam und feinfühlig. Der Gefühlszustand von Blau ist daher eine Voraussetzung für die subtile Einfühlung und das ästhetische Erleben. Kant hat es als »interesseloses Wohlgefallen« beschrieben.
Schelling (1775–1854) beschreibt in seiner »Philosophie der Kunst« lauter Blau-Symbole, wenn er sagt: »Die Stille ist der der Schönheit eigentümliche Zustand, wie die Ruhe dem ungestörten Meere.«
Blau ist Symbolfarbe für die Dauer und zeitlose Ewigkeit. Blau ist daher die Farbe der Tradition und der Bindung (»Blau ist die Treue«).

Die Art der Bindung und das Gefühl der Zugehörigkeit äußert sich in der Wahl der Blau-Töne.
Novalis hat in seinem Roman »Heinrich von Ofterdingen« die romantische Lebenshaltung im Symbol der blauen Blume ausgedrückt: »Der Himmel war schwarzblau und völlig rein. Was ihn (Heinrich) mit voller Macht anzog, war eine hohe, lichtblaue Blume, die zunächst an der Quelle stand und ihn mit ihren breiten, glänzenden Blättern berührte. Er sah nichts als die blaue Blume und betrachtete sie lange mit unnennbarer Zärtlichkeit.«
Ähnlich Hölderin in seinem Roman »Hyperion«: Der junge Held erlebt im Blau des Äthers die Einheit mit dem All als ewige Ruhe: »Verloren ins weite Blau, blick ich oft hinauf in den Äther. Eines zu sein mit allem, was lebt, in seliger Selbstvergessenheit wiederzukehren, ins All der Natur, das ist der Ort der ewigen Ruhe.«
Eines der bekanntesten Gedichte Goethes entspricht dem Blau vollkommen:

>»Über allen Gipfeln ist Ruh,
>In allen Wipfeln spürest du
>kaum einen Hauch;
>Die Vögelein schweigen im Walde.
>Warte nur, bald ruhest du auch.«

# Lüscher-Grün 2

Das Lüscher-Grün 2, weil es eher dunkel und bläulich ist wie Tannengrün, wirkt stabil, fest, beharrend und konstant. Grün besitzt keine nach außen wirkende expansive Energie wie Orangerot, sondern eine in sich gestaute, spannungsvolle Energie. Die gestaute Energie ruht aber nicht, sondern ist ein inneres konzentrisches Spannungsgefüge. Es erscheint nach außen statisch. Wie bei jeder anderen Grundfarbe variiert auch bei Grün die Bedeutung der Farbe, wenn sich der Farbton ändert. Je mehr verdunkelndes Blau dem Grün zugefügt wird, desto fester, »kälter«, gespannter, härter und widerstandskräftiger ist die psychische Wirkung der Farbe. Ähnlich wie die Moleküle in einem festen Körper ein Spannungsgefüge bilden, das man von außen nicht sieht, so bilden auch in jedem Menschen die selbstbezogenen Gefühle ein Spannungsgefüge. Es ist die Einstellung des Menschen zu sich selbst. Sie bildet sein »Ich«, sein »Selbstwertgefühl«.

Grün wirkt stabil und konstant. Es repräsentiert damit die festen, also geltenden Werte. Grün 2, das eher dunkel und bläulich ist, entspricht einem Menschen, der den inneren und äußeren Anfechtungen trotzt, der zu seiner Überzeugung steht und daher eine stabile Selbstachtung besitzt. Für ihn gilt der Leitsatz »Noblesse oblige« oder »Tue recht und scheue niemand«.

Grün 2 repräsentiert die Stabilität der Überzeugung und Selbstachtung, der echten Anerkennung und moralischen Geltung. Geltung, als Ansehen und Würde, als Kompetenz und Autorität, als Eigentum und als dominiertes Revier, ist die psychologische Bedeutung von Grün 2.
Wo die innere Stabilität des Grün und damit die Integrität, Würde und Selbstachtung fehlen, werden sie mit dem äußeren Schein, mit dem Gehabe der Würde, mit materieller oder geistiger Protzerei vorgespielt. Prestige wird zur Pose. Der Geltungsbedürftige bedient sich der Statussymbole, um den Anschein von Geltung vorzutäuschen. Er setzt sich ins Rampenlicht; er richtet die Scheinwerfer auf sich; er mimt Stabilität, Größe, Würde und Prestige. (Siehe Lüscher: »Signale der Persönlichkeit«.)

# Violett

Violett entsteht durch Mischung von Rot und Blau. Rot ist der Impuls zu erobern und zu erleben. Seine Befriedigung erfüllt sich im Blau. Rot will durch Kämpfen und Erobern zur Übereinstimmung und Einheit gelangen. Blau hingegen will durch friedliche Hingabe die Übereinstimmung und Einheit erreichen. Beide Wege, der über Rot und der über Blau, haben die Übereinstimmung, die Verschmelzung zum Ziel. Beide Farben, Rot und Blau, überschreiten dabei ihre Grenzen und gehen eine Verwandlung ein. Violett bedeutet daher: grenzüberschreitende Verwandlung.
Der rote Weg ist der autonome, der autoritäre, patriarchalische. Der blaue Weg ist der rezeptive, heteronome der Anpassung oder mütterlichen Hingabe. »Männliches« Rot und »weibliches« Blau mischen sich zum geschlechtslosen Violett. Kinder vor der Pubertät bevorzugen auf der ganzen Welt zu wenigstens 75% Violettrot. Debile, »kindische« Kinder sogar zu 85%.
Ebenso wie die Kinder bevorzugt auch die soziale Unterschicht Violett signifikant häufiger. Dadurch wird deren suggestible Faszinationsbereitschaft und Verführbarkeit bestätigt. Umgekehrt lehnt die soziale Oberschicht Violett ab und dokumentiert damit ihre Differenzierung und kritische Distanzierung.
Homosexuelle – in Frankreich »les violets« genannt – und Frauen während der Schwangerschaft wählen statistisch signifikant lieber Violett.
Violett, die Farbe aus Rot und Blau, überschreitet die Grenze vom eigenen vertrauten Bereich in einen geheimnisvollen unvertrauten. Es sehnt sich nach dem anderen. Darum bedeutet Violett Verwandlung, Grenz-

überschreitung und Transzendenz in eine andere Welt, wo emotionale Werte gelten.

Violett ist die Verschmelzung und Vereinigung der Gegensätze, die »coincidentia oppositorum«, und daher auch die Farbe der Mystik, die Farbe der Magie, des Zaubers und des erotischen Charmes.

Violett (Magenta) repräsentiert neugierige Interessiertheit und Faszination. Es bewirkt die »participation mystique«, die magische Verwandlung, die Suggestibilität und Identifikation, die Lévy-Bruhl bei primitiven Stammesreligionen gefunden hat. Das oszillierende Hin und Her zwischen Rot und Blau, zwischen impulsivem Wollen und behutsamer Empfindsamkeit heißt Sensibilität. Darum äußert sich die Bedeutung des Violetts als neugierige Interessiertheit, sensible Faszination und Erotik.